ESSAI

SUR LES

QUESTIONS DU TRAVAIL

PAR

Th.-Fr. COURCHÉ

NÉGOCIANT-FONDEUR

Secrétaire du Syndicat Général et de la Chambre Syndicale des Constructeurs Mécaniciens, Chaudronniers, Fondeurs, etc., de l'Arrondissement du Havre
Président Fondateur de la Société Havraise d'Émulation et d'Encouragement pour les Apprentis employés dans la Métallurgie

PRIX : 2 FR. 50

HAVRE	PARIS
CH. DELEVOYE	GUILLAUMIN & Cie
IMPRIMEUR-ÉDITEUR	ÉDITEURS
15, Rue Casimir-Périer.	15, Rue Richelieu

1883

ESSAI

SUR LES

QUESTIONS DU TRAVAIL

PAR

Th.-Fr. COURCHÉ

NÉGOCIANT-FONDEUR

Secrétaire du Syndicat Général et de la Chambre Syndicale des Constructeurs
Mécaniciens, Chaudronniers, Fondeurs, etc.
Président-Fondateur de la Société Havraise d'Émulation et d'Encouragement pour
les Apprentis employés dans la Métallurgie

PRIX : 2 FR. 50

HAVRE

CH. DELEVOYE
IMPRIMEUR-ÉDITEUR
15, Rue Casimir-Périer.

PARIS

GUILLAUMIN & C°
ÉDITEURS
15, Rue Richelieu

1883

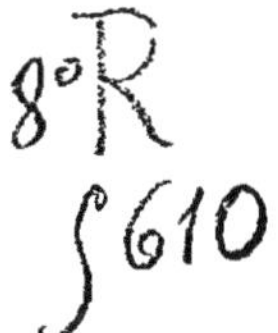

ESSAI

SUR LES

QUESTIONS DU TRAVAIL

« En dehors du Travail, rien ne dure, rien ne resiste. »

L. HIÉLARD

Président du Syndicat Général de Paris.

(Discours à la Distribution des Prix aux Enfants du Papier peint)

29 Octobre 1876

INTRODUCTION

En Décembre dernier, nous avons dédié à la *Chambre Syndicale des Constructeurs-Mécaniciens, Chaudronniers, Fondeurs, etc.*, du Havre, quelques pages intitulées : « *Essai sur la Question de l'Apprentissage.* »

A cette époque, nous avions l'intention de donner certains développements à cette question, ainsi qu'à celles que nous nous proposons d'examiner aujourd'hui ; mais l'importance et la gravité de ces questions nous commandaient la plus grande circonspection, vu notre jeunesse dans la vie et dans les affaires.

Nous allions être lu par des hommes compétents, expérimentés, rompus aux affaires, cela suffisait pour nous défendre toute témérité.

C'est pourquoi nous n'avions point voulu nous prononcer radicalement ; nous nous étions contenté d'exposer nos vues sur tel ou tel point de la question de l'Apprentissage. Quant aux autres sujets, nous les avions réservés jusqu'après le jugement de notre premier *Essai.*

Nous avions oublié que la sagesse des nations dit que « la Fortune sourit aux audacieux » précisément parce que nous voulions montrer dans notre modeste travail, plus de sincérité que d'audace.

Aujourd'hui, notre Essai a été jugé ; les observations des uns, les conseils des autres, les encouragements de tous, et une étude plus approfondie, nous permettent d'aborder plus franchement les diverses questions intéressant le Travail et les Travailleurs.

Ces questions sont nombreuses.

« Il n'y a pas de question sociale, disait GAMBETTA au » banquet Grisel, il y a *des questions sociales.* »

Et, ajoutait l'illustre tribun que nous pleurons encore, « c'est à force d'études, de sincérité et de bonne foi, qu'on » résoudra ces problèmes. »

Nous n'avons certainement ni la prétention ni l'ambition de résoudre les questions que nous nous proposons d'examiner ; nos études, cependant, quelque modestes et quelqu'imparfaites qu'elles soient, ne nuiront pas, nous osons l'espérer, au but qu'on se propose d'atteindre.

Dans tous les cas, la bonne foi sera notre ligne de conduite dans ce travail, nous ne nous en écarterons pas.

Si toutes ces questions : Apprentissage, Rapports entre Patrons et Ouvriers, Chambres Syndicales, Assemblées consulaires, Associations ouvrières, Responsabilité en matière d'accidents, etc., etc., si toutes ces questions, disons-nous, ne sont pas traitées *ad unguem*, elles le seront avec sincérité : ce sera toujours quelque chose.

Combien de questions découlent de ce mot : *Travail!*

Que d'intérêt et d'attrait offre l'étude de ces questions, que l'on qualifie d'abstraites : que d'importance on devrait y attacher !

L'Industrie et le Commerce d'un pays, son travail en un mot, peut seul le rendre prospère, libre, indépendant, c'est-à-dire riche, grand et puissant !

Et cependant, l'Industrie, le Commerce et l'Agriculture sont délaissés en France.

M. Edm. About, dans son livre, le « *Progrès* », a pris à tâche de démontrer le but de la vie humaine : le Progrès, et pour aider à l'atteindre, il nous montre le chemin : le travail, pour appui : l'association, et comme viatique : la Liberté.

Retenons donc que le chemin est le Travail ; c'est la seule route à parcourir pour arriver à bien.

C'est donc le Travail qu'il faut seconder, encourager, glorifier.

Il faut détourner le flot qui se précipite vers les carrières dites libérales, il faut l'arrêter et le diriger sur la bonne voie, l'entraîner vers l'Agriculture, l'Industrie ou le Commerce.

Mais pour cela, il faut que l'Etat s'y prête en simplifiant cette Administration que l'Europe est loin de nous envier, et qui nous enlève tant de forces utiles qui vont se perdre dans les bureaux si multiples du fonctionnarisme.

Dans toutes les classes de la Société, on trouve cette malheureuse inclination à déserter le travail. Dans les classes pauvres, on place les enfants comme petits laquais; il est si doux d'être assis un jour entier devant une table pour recevoir des cartes de visite et les porter au *maître* (et cependant les parents n'ont pas voulu envoyer leur enfant à l'atelier afin de le soustraire à l'exploitation du patron).

Dans les classes bourgeoises (le mot est lâché !) on envie une position libérale pour le fils d'un ancien épicier ou d'un négociant retiré qui ont amassé une fortune mais qui ont eu tant de mal ! Et quand la jeune fille se marie, on lui donne un commis de n'importe quelle classe de l'Administration des Douanes, de préférence à un petit négociant, à un serrurier ou à un tapissier.

En bas, la livrée ; en haut, le chapeau à claque et l'épée, telles sont les aspirations de la société française !

Ah ! la société !... « Elle met l'industrie et le commer-
» çant qui font marcher la grande machine nationale,
» au-dessous du fonctionnaire inutile et gourmé qui place
» solennellement des bâtons dans les roues... Ah ! si la
» jeunesse de notre pays connaissait mieux le néant des

» carrières publiques ! Elle porterait son activité sur » d'autres points : l'Etat, obligé, faute de candidats, à » réduire le nombre des places, ferait exécuter par dix » hommes la besogne de cent, et les carrières *utiles* se » recruteraient comme par miracle. » (1)

C'est contre cet entraînement des carrières inutiles qu'il faut réagir au plus vite !

Que les jeunes gens dédaignent l'administration, et qu'en même temps l'Etat supprime la moitié des places, la besogne sera vite faite.

L'Etat ne peut, ne doit avoir aucune crainte de froisser les fonctionnaires qui lui coûtent, et d'encourager au contraire les travailleurs qui lui rapportent.

La mode est trop penchée vers la paperasserie, et cela, au détriment, en tout et partout, du Commerce et de l'Industrie ; partout, car comme nous venons de le dire, toutes les classes, riches et pauvres, ont trop de répulsion pour l'Industrie. L'Etat ne fait rien pour elle et les fonctionnaires la tuent.

Et à la Chambre des Députés !.... Quelle figure doit faire l'industriel ou le négociant qui tombe miraculeusement au milieu des avocats et des médecins qui remplissent le Palais-Bourbon ! On cite les Bas-Normands du Calvados comme les hommes les plus chicaniers du monde. Il n'est pas la moindre bourgade qui n'ait plusieurs huissiers, ses avocats, ses notaires ; la Faculté de Droit n'est pas à Rouen, elle est à Caen.

Les étrangers qui parcourent la liste des Députés français doivent avoir une bien triste idée de la France ; ils doivent penser que nous sommes bien malades et bien coupables, puisque nous nous faisons un religieux devoir de nous faire représenter à la Chambre presque exclusivement par des médecins et des avocats.

A première vue, on croirait que les hommes chargés de gouverner le pays, de le diriger, de l'élever, devraient être

(1) Edm. About (*Le Progrès*).

des hommes d'affaires, qui n'auraient besoin en arrivant au Palais-Bourbon, que de se mettre au courant de la vie parlementaire. Et cependant, il n'en est rien, ce sont des médecins et des avocats qu'on y envoie, et qui, en y arrivant, n'ont plus à apprendre...... que les affaires !

Dans un livre que nous avons déjà cité, M. Edm. About fait dire à un de ses interlocuteurs que, s'il est aisé de convertir un gros propriétaire, un négociant enrichi, un industriel retiré en sous-préfet, en receveur particulier des finances, en conservateur des hypothèques, l'opération inverse offrirait beaucoup plus de difficulté.

Nous pensons que la même réflexion peut être faite pour les hommes d'affaires et les Députés.

Donc partout en France, on néglige trop le travail et les travailleurs. Et pendant ce temps, que fait l'Etranger ? Il perfectionne son outillage, instruit ses ouvriers, encourage ses industriels, et nous fait une concurrence acharnée.

L'Allemagne, l'Angleterre, les Etats-Unis, l'Autriche, la Belgique, l'Italie, non-seulement perfectionnent et améliorent leur industrie, mais elles imitent nos marques de fabriques, copient nos modèles, et expédient dans le monde entier des produits inférieurs, portant l'étiquette française, produits qu'un fabricant parisien rougirait de voir sortir de son atelier ! (1)

Et ne passons pas sous silence la concurrence que nous fait l'Etat lui-même, en livrant ou en laissant livrer à l'étranger des adjudications de toutes sortes.

Et cependant, peut-on douter de la supériorité de l'Industrie française ?

Non, cette supériorité est incontestable, mais elle nous est chèrement disputée.

Il est temps de nous mettre à l'œuvre. Il faut s'inspirer

---

(1) Fort heureusement l'*Union des Fabricants* (20, Avenue de l'Opéra, à Paris), lutte contre cette concurrence déloyale; grâce à son intervention le dépôt des Marques Françaises peut désormais avoir lieu à l'Etranger, les contrefaçons y sont poursuivies sous l'autorité des conventions et des precédents judiciaires obtenus par la Société.

des véritables besoins et des véritables intérêts de l'Industrie. C'est à force de recherches et d'études sincères et désintéressées qu'on arrivera à ce but ; sincères et désintéressées, car il ne faut pas diviser l'Industrie en deux camps : patrons et ouvriers. Il faut étudier l'Industrie et ses intérêts à un point de vue général : il serait injuste de chercher à défendre les patrons au détriment des ouvriers, mais il serait dangereux de flatter l'ouvrier comme on le fait si facilement aujourd'hui, au risque de compromettre les intérêts ouvriers d'abord et l'avenir de l'Industrie ensuite.

Certes, les ouvriers ont des droits à défendre, des aspirations légitimes qu'il faut encourager, la classe ouvrière ne peut dans aucun cas être mise à l'index, elle fait corps avec la société comme toutes les autres classes, et on aurait tort de creuser les distances qui séparent les différentes conditions sociales.

Mais il y a une limite qu'il ne faut pas dépasser ; faisons tous nos efforts pour que l'ouvrier d'aujourd'hui soit le patron de demain, c'est logique, c'est juste, mais ne lui faisons pas croire que le patron est un être abject.

Là est une des causes du malaise de l'Industrie.

« Le mal vient que la nourriture quotidienne de l'esprit » de l'ouvrier, se fait par des journaux qui ne connaissent » en rien la situation ouvrière et ne visent que les moyens » les plus propices de vendre leur marchandise en trom- » pant les ouvriers, ne se doutant même pas des consé- » quences terribles qu'il peut en advenir vis-à-vis des » produits étrangers, et ce n'est ni vous ni nous qui porte- » rons un remède efficace en une journée que nous nous » efforcerons de faire sentir la situation telle qu'elle est » malheureusement ; ce qu'il faudrait, c'est qu'il y eût » plus de bonne foi, plus d'aptitude et de connaissance de » la classe ouvrière chez le journaliste et l'écrivain. Chacun » prétend connaître cette classe et la raisonne dans un sens

» toujours flatteur pour elle, parce qu'elle est la plus nom-
» breuse et qu'il faut l'escompter. » (1)

Ce débordement de sentiments intéressés en faveur de la classe ouvrière est d'autant plus dangereux aujourd'hui, que le niveau des ouvriers est généralement peu élevé, que, dans certaines, industries le recrutement des bons ouvriers devient de plus en plus difficile et que nous n'avons pas dans les ateliers une jeune génération instruite, capable de relever l'industrie nationale.

Le 14 Avril 1882, la Chambre Syndicale des Fleurs et Plumes, de Paris, par l'organe de son Vice-Président, M. R. Turney, a flétri un article de l'*Intransigeant*, intitulé l'*Apprentie*.

« La décadence de l'apprentissage est déjà assez inquié-
» tante pour l'avenir de nos industries, disait M. Turney,
» il serait désolant que des légendes de ce genre vinssent
» encore aggraver la situation. »

La Chambre a décidé qu'il n'y avait pas lieu de prendre au sérieux l'article de l'*Intransigeant*, qui ne méritait même pas une réponse.

Evidemment non, il n'y a rien à répondre à de pareils articles, mais il n'en est pas moins pénible de les voir s'étaler dans un journal qui, quoique n'étant pas sérieux, est susceptible d'être lu par quelques ouvriers inconscients.

Ce n'est pas comme cela qu'il faut préparer une génération d'ouvriers instruits et heureux ! Et cependant c'est sur elle que l'Industrie doit compter pour se relever.

C'est donc cette génération qu'il importe de former et de préparer.

L'appât du gain, le désir ardent de faire produire les enfants, le manque d'apprentis en un mot, les grèves, sont autant d'obstacles à la marche progressive de l'Industrie Française.

---

(1) Lettre du Président de la Chambre Syndicale des Doreurs-Ornemanistes au Président de la Commission d'enquête sur la situation des ouvriers et des industries d'art.

Mais nous ne voulons pas nous montrer trop pessimiste. Nos revers militaires de 1870-71, nos revers industriels qui en sont la conséquence, nous ont éclairé sur nos défauts et nos défaillances.

Fort heureusement, on commence à comprendre, comme l'a fait remarquer le Secrétaire de la Chambre Syndicale des *Marchands-Tailleurs* de Paris, à l'Assemblée générale du 30 Décembre 1881, « on commence à comprendre » dans notre pays que le commerce et l'industrie ne sont » pas des situations subalternes et qu'ils ont droit à une » considération d'antant plus grande que c'est l'existence » même et la fortune du pays qu'ils ont dans les mains.

» Les Anglais, gens pratiques, nous ont depuis long- » temps devancés dans cette voie, et les commerçants y » sont honorés comme ils le méritent. Ne voyons-nous pas » en ce moment un de nos anciens collègues Lord-Maire » de Londres ? » (1)

Oui, on *commence* a comprendre tout cela en France.

Le monde du travail donne l'exemple de cette connaissance de nos défauts et de nos faiblesses et des moyens propres à les combattre.

L'*Union Nationale du Commerce et de l'Industrie*, a compris l'intérêt qu'il a pour la France à se créer des colonies et à étendre celles qu'elle possède, pour se créer des débouchés, elle l'a compris en offrant un punch d'honneur à M. Savorgnan de Brazza, le brave et intelligent explorateur de l'Afrique.

La Chambre Syndicale des *Négociants-Commissionnaires* de Paris est entrée dans les mêmes vues, en fondant la Société d'initiative privée pour le développement du commerce extérieur et créant l'Institut Commercial.

Et l'on sait avec quelle infatigable persévérance, le promoteur de ces Sociétés, M. Ernest Lourdelet, cherche à combattre la diminution sans cesse croissante de nos expor-

(1) Que de mal aurait ce Lord-Maire à se faire élire Député chez nous, y pensez-vous? un tailleur !....

tations ; M. Ernest Lourdelet, vient de voir ses efforts récompensés par sa nomination dans la Légion-d'Honneur.

C'est, en effet, vers l'exportation que doivent porter nos regards, il faut travailler en France, travailler beaucoup et faire bien et beau, mais il nous faut des débouchés pour l'écoulement de nos produits.

Les étrangers inondent tous les marchés de produits inférieurs et à très-bas prix.

Luttons courageusement, et essayons de travailler à aussi bon marché que nos concurrents.

Comme le disait le *Petit Journal* tout récemment :

« Ne nous laissons plus endormir, ce n'est que par une » activité persévérante et un travail acharné, que nous » rétablirons notre prestige commercial. »

T. F. C.

Septembre 1883.

LIVRE Ier

DE L'APPRENTISSAGE

LIVRE Ier

DE L'APPRENTISSAGE

CHAPITRE Ier

Examen de la Question

Nous plaçons l'Apprentissage au premier rang parmi les questions du Travail, parce que l'Apprentissage est comme la pierre d'achoppement de l'Industrie.

Aussi, n'attachera-t-on jamais assez d'importance à cette question.

Il est bien entendu que l'Industrie, comme le Commerce et l'Agriculture, tout ce qui est travail, donne la mesure de la force et de la grandeur d'une nation,

Malgré l'esprit belliqueux qui hante les cerveaux humains depuis des siècles, il faut croire que les hommes ne sont pas sur la Terre pour se battre et s'entr'égorger, mais qu'au contraire, le but de la vie doit être l'amélioration du sort des hommes par le Travail, qui doit être notre objectif à tous.

La France, qui a toujours marché dans la voie du progrès, ne saurait rester en arrière et se laisser devancer par les autres peuples dans la lutte du Travail.

Napoléon disait un jour à Oberkampf, ce pauvre teinturier, arrivé à Paris, seul, jeune, sans ressources, et qui sut par son intelligence, son activité, son travail persévérant, arriver au plus haut degré de l'échelle industrielle :

« Vous et moi, nous faisons une bonne guerre aux Anglais,
» vous par votre industrie, moi par mes armes...... et ma
» foi, *c'est encore vous qui faites la meilleure.* »

Sans considérer l'homme de Brumaire et d'Austerlitz comme un prophète, mettons ses paroles à profit, et, tout en nous préparant à défendre au besoin la Patrie envahie, consacrons nos plus grands efforts à l'amélioration et au perfectionnement de notre Industrie, où les triomphes que nous pourrons remporter seront toujours plus glorieux et plus profitables pour le pays, que des centaines de fusils et quelques étendards ramassés sur les champs de bataille, à côté de tant de milliers d'hommes qui ne se relèveront pas!

Si nous examinons l'industrie française, que voyons-nous ?

Nous voyons une multitude d'industriels, mettant au service de leur industrie tout ce qu'ils peuvent dépenser en forces, santé, fortune et talent professionnel, pour maintenir la France à sa place naturelle. Mais ces industriels voient leurs intérêts mal compris des uns et menacés par d'autres.

Les bons ouvriers manquent, et on s'acharne à créer des obstacles au fonctionnement régulier des établissements industriels.

Certains travaux qui se faisaient autrefois sont d'une exécution presque impossible aujourd'hui.

La main-d'œuvre augmente tous les jours, au fur et à mesure que les ouvriers habiles deviennent plus rares.

Si nous avions une pléiade d'apprentis formés, prêts à remplacer leurs aînés, tout serait au mieux, mais malheureusement, cette réserve de futurs ouvriers n'existe pas, on ne peut compter sur elle : voilà le plus inquiétant des points noirs à l'horizon.

Il faut faire des Apprentis.

Et ici, ce n'est pas seulement une œuvre de préparation, il y a aussi une œuvre d'instruction, de moralisation à entreprendre.

« Il est sans conteste que de la façon dont sera réglée la » question de l'apprentissage dépendra en grande partie la » solution du problème relatif au Travail. Si nous parve- » nons à former nous-mêmes des auxiliaires dont nous » pourrons répondre, parce que nous les aurons suivis pas » à pas, parce que nous serons assurés qu'ils joindront la » valeur morale au savoir professionnel, nous aurons beau- » coup fait pour la pacification du monde du travail. Un » personnel, ainsi préparé de longue main, sera plus attaché » à ses vrais intérêts qui sont les nôtres et ceux de l'Indus- » trie nationale.

» Les utopistes des réunions publiques et les agitateurs » des clubs en seront pour leur frais de déclamations et de » calomnies.

» L'ignorance leur livrait nos ouvriers, l'instruction et » la moralisation nous les rendra. » (1)

L'instruction des apprentis doit donc se subdiviser ainsi:

1° Instruction primaire ;

2° Instruction professionnelle ;

3° Instruction morale.

La première nous donnera des ouvriers intelligents et instruits ; l'instruction professionnelle nous fournira des auxiliaires habiles, connaissant leur métier ; et enfin, l'éducation morale formera des ouvriers honnêtes, laborieux, économes.

Une génération d'apprentis ainsi préparée, fera plus pour l'amélioration de la classe ouvrière et le perfectionnement de notre industrie, que des millions d'articles de journaux et quelques congrès révolutionnaires.

Nous plaçons naturellement l'instruction primaire en première ligne, on doit aller à l'école avant d'entrer à

---

(1) Banquet de la Chambre Syndicale des Mécaniciens, Chaudronniers et Fondeurs de Paris, 4 Décembre 1882. Discours de M. Gueldry, Président.

l'atelier ; l'instruction primaire bien établie, largement répandue, aidera beaucoup à l'instruction professionnelle, et à l'éducation morale des apprentis.

« Plus l'ouvrier est instruit, plus son travail est réussi » et fini, » a dit le regretté M. C. Hippeau.

C'est donc par instruire les ouvriers qu'il faut commencer.

On sait quelle place occupe l'instruction chez les nations voisines ; on l'a trop longtemps négligée chez nous, mais nos désastres de 1870 où comme on l'a dit si justement, l'instituteur allemand a battu l'instituteur français, cette guerre fatale, disons-nous, a ouvert les yeux à tous les hommes consciencieux, on a compris que l'école était la base fondamentale d'une nation, et on a plus fait depuis dix ans pour l'instruction, que pendant les cinquante années précédentes.

C'est surtout dans les classes laborieuses qu'il faut déraciner l'ignorance et répandre l'instruction, parce que, comme le disait M. E. Lourdelet à l'Assemblée du Syndicat général de Paris, du 26 Mars 1882, « en instruisant l'ou- » vrier, vous le rendez plus apte à son métier, vous déve- » loppez ses facultés d'invention, vous le moralisez, vous » le rendez plus conscient et plus assidu. »

Instruisons nos apprentis, faisons-en des ouvriers intelligents et dévoués ; là sera le succès de l'industrie, en même temps que l'amélioration de la classe ouvrière.

Il est sans conteste, en effet, que les apprentis convenablement préparés fourniront des ouvriers remplissant les meilleures conditions d'aptitude professionnelle et de moralité, des ouvriers propres à devenir à leur tour des patrons actifs.

Quelle résistance pourrait-on opposer à une industrie composée de ces trois éléments : apprentis zélés et instruits, ouvriers capables et laborieux, patrons actifs et persévérants ?

Quelle nation pourrait rivaliser avec cet ensemble de

citoyens entièrement voués au travail intelligent et productif ?

Rien de tout cela n'est irréalisable, mais il y a beaucoup à faire, il faut s'armer de patience et de tenacité, de bon vouloir et de fermeté ; il faut que chacun apporte son concours à cette œuvre de moralisation et de transformation.

Il faut que les industriels fassent des apprentis, il faut que la République répande l'instruction partout ; il faut que les enfants soient arrachés à la domesticité à laquelle on les voue, il faut que les ouvriers raisonnent mieux leurs intérêts et ceux de leurs enfants. Il faut tout cela, car le mal est dans la société tout entière.

Autrefois, les ouvriers étaient des esclaves, les apprentis des martyrs, les patrons des seigneurs ; peu à peu, l'industrie s'est transformée, les corporations se sont fondées, se sont organisées, la hiérarchie s'est établie dans les corps de métiers. Tout était réglementé : apprentissage, salaires, production.

Mais, d'*exploitations*, les industries devinrent des *privilèges*. et quels privilèges ! L'autorité royale se brisait devant la résistance des corporations ! Ces privilèges allèrent naturellement aux abus : la Révolution de 1789 les renversa, en proclamant la liberté du travail.

Ce brusque changement amena d'autres abus : les lois de 1841 et 1851 les réprimèrent.

La vapeur transforma l'industrie qui grandit chaque jour.

Les ouvriers laborieux et économes s'établirent pour leur propre compte, les ateliers sortirent de terre et le nombre des ouvriers s'accrut forcément.

La campagne émigra pour la ville ; d'exigeant qu'on était autrefois, on devint très-facile, on prit tout le monde, on ouvrit les portes des ateliers à tous, on forgea des ouvriers à la hâte, on leur fit faire de tout en peu de temps, l'apprentissage se fit à la vapeur — comme tout en ce siècle — l'ouvrier ne connut plus qu'imparfaitement son métier.

Les salaires ont grandi — et avec eux le prix des denrées — il fallut alors gagner chaque jour davantage.

L'ouvrier devint une nécessité, un indispensable, au fur et à mesure que l'Industrie prit de l'extension.

D'esclave qu'il fut le voilà devenu auxiliaire utile.

L'ouvrier sent alors ce qu'il est, ce qu'il vaut, il rêve l'émancipation, il veut devenir le maître, c'est logique.

Mais il est illettré, inconscient; de plus avisés tirent parti de la situation, le prennent comme marche-pied pour arriver à leur idéal, pour réaliser leurs rêves. (Quel idéal ?.... le néant !....)

Dès lors, la lutte est ouverte. Le patron est un tyran, l'ouvrier un martyr : sus au patron !

La classe ouvrière se jette dans cette voie à l'aveuglette, au moment où l'aptitude et le savoir professionnels sont à l'état le plus défectueux qui se puisse trouver.

De là, la situation anormale qui nous préoccupe ; nous dirons plus, qui nous inquiète.

« Car la corruption de l'atelier, c'est la déchéance d'une Nation. » (1)

Comment alors ne serait-elle pas inquiétante, cette situation qui fait que l'étranger perfectionne son outillage, instruit ses ouvriers, imite nos produits, améliore les siens, nous inonde de toutes choses, pendant que nous nous usons en luttes stériles, qui nous conduiraient infailliblement à la ruine, si elles devaient se prolonger sous l'œil des rivaux qui n'attendent que le moment propice pour nous écraser !

Ouvriers, si vous voulez assurer votre bien-être et celui de votre famille, l'avenir de vos enfants, ne vous laissez pas conduire par ces quelques fous qui ne savent ce qu'ils disent ; n'écoutez plus ces discoureurs qui vous mèneraient à la misère, tandis qu'eux sauraient se mettre à l'abri des chômages, des privations, en puisant dans vos poches ou

(1) M. Ernest Nusse, avocat à la Cour d'Appel de Paris. — Conférence sur l'Apprentissage ; *Bulletin de la Société de Protection des Apprentis*. X, page 51 et suivantes.

dans d'autres dont nous ne voulons rechercher ni la marque d'origine, ni la destination !

Travailleurs, méditez la morale de notre vieux La Fontaine :

......Tout flatteur
Vit aux dépens de celui qui l'écoute.

La question de l'Apprentissage, c'est-à-dire l'instruction et la moralisation des ouvriers, voilà donc une œuvre toute patriotique à entreprendre.

CHAPITRE II

Autrefois

L'apprentissage date de la plus haute antiquité, son origine se perd dans la nuit des temps.

Avant de nous occuper exclusivement de l'apprentissage, nous croyons utile de passer en revue les différentes phases qu'a traversées l'Industrie et la condition des travailleurs pendant chacune de ces transformations.

A l'origine, les ouvriers furent des esclaves dans toute l'acception du mot.

En Grèce, la culture de la terre, le commerce et l'industrie étaient abandonnés à tous ceux qu'on jugeait indignes de faire la guerre : c'est ainsi qu'on punit les Ilotes, que Tyrtée compare à des « ânes de bât, trébuchant sous les fardeaux » et sous les coups. »

Les ouvriers se vendaient et travaillaient à *coups de fouet.*

« A Rome, l'ouvrier était considéré comme instrument » de travail.

» Dans le dernier âge de la République romaine, l'homme » était la denrée qui se vendait le mieux.

» L'esclave n'avait rien, ni pécule, ni femme, ni enfants: » le pécule pouvait être repris par le maître, les enfants » lui appartenaient.

» Pour un délit léger, par un caprice du maître, l'esclave » expirait sous les verges, sur la croix, ou suspendu en

» l'air par des crochets en fer, livré tout vivant aux oiseaux » de proie.

» Le travail, dans l'Empire romain, resta une œuvre » servile et dégradante. Les manufactures impériales furent » de véritables geôles, où l'ouvrier, même libre de nais» sance, était marqué d'un fer rouge, de peur qu'il ne » s'échappât, *et puni de mort pour une imperfection* » *dans l'ouvrage.* » (1)

Les artisans étaient réunis en corporations, sous le nom de *Collèges*, qui eurent une administration indépendante sous l'Empire.

L'invasion des barbares renversa les collèges, c'est alors que parurent les *Corporations*, qui n'eurent au début d'autres règlements que les us et coutumes.

Charlemagne essaya de détruire les corporations, mais il ne put y réussir.

Pour se soustraire à la domination féodale, les Corporations, *Confréries* ou *Corps de Métiers* réglementèrent le travail qui tendait à devenir un droit seigneurial.

Nous sommes au XIe ou XIIe siècle ; l'apprentissage est *obligatoire* et fixé à 7, 8 et même 10 ans; les artisans cherchent à augmenter le plus possible la durée de l'apprentissage, afin de limiter le nombre des ouvriers et d'obtenir beaucoup de travail gratuit. Le maître peut *vendre* son apprenti. L'apprenti loge chez son maître et lui sert de domestique, à lui et à sa famille. Les fils de maîtres ne sont pas soumis à ces exigences.

L'*apprenti*, après avoir été rudoyé, maltraité, peu nourri, battu pendant sept ou huit ans, devient *compagnon* ou *valet*, (2) à la condition cependant qu'il paiera une redevance au maître.

Après le grade de compagnon, vient celui de *maître*; pour obtenir ce grade, le compagnon paye encore une redevance, subit des épreuves, des examens, et produit le *chef-d'œuvre* exigé par les corporations.

(1) V. Duruy.

(2) Le nom de *valet* disparut au XIVe siecle, celui de *compagnon* subsista.

Le chef-d'œuvre est jugé par les *Jurés*, dernier échelon de la hiérarchie industrielle ; le nombre des maîtres est limité, afin de restreindre la concurrence.

En 1294, une ordonnance royale défend aux maîtres d'exploiter les enfants, mais les maîtrises n'en subsistent pas moins.

Henri III essaye de détruire les Confréries, mais elles sont puissantes et résistent à l'autorité royale.

Henri IV, par un édit de 1597, place les Corporations sous la domination royale ; la royauté en tire profit et vend les charges; les Jurés deviennent des officiers ministériels : de servitude, on passe aux privilèges.

Sous Louis XIV, les Confréries deviennent les Communautés d'Arts et Métiers ; Colbert en augmente le nombre et leur donne des règlements.

Les objets fabriqués sont soumis à des dimensions, à des poids, à des mesures fixes, sous peine d'être mis au carcan.

Et nous ne parlons pas des petites mesquineries auxquelles les artisans se livraient pour se nuire l'un à l'autre !

S'il faut en croire une chronique, le métier à tisser les bas fut inventé par un serrurier bas-normand qui offrit à Colbert la première paire de bas de soie tissée au métier. Les *bonnetiers*, jaloux, corrompirent un valet de chambre qui coupa quelques mailles. Le métier à bas fut alors porté en Angleterre !

Tel était le résultat de ces jalousies funestes et ridicules !

« Les horlogers luttaient contre les serruriers pour l'en-
» tretien des horloges ; contre les émailleurs et les peintres
» pour leurs cadrans ; contre les graveurs pour l'ornemen-
» tation de leurs boîtes, contre les gaîniers pour leurs
» étuis ; contre les ébénistes pour la construction de leurs
» caisses de pendules, enfin contre les orfèvres et les
» bijoutiers pour la fabrication de leurs boîtes de montres
» en métaux précieux. (1) »

(1) M. H. Rodanet. — *Bulletin de la Société de Protection*. XIII, page 365 et suivantes.

« Bien longue serait l'histoire de ces prétentions, de ces » conflits, de ces innombrables procès, où les forces vives » des générations s'épuisaient dans des luttes sans hon» neur.

» Les corporations de Paris dépensaient annuellement » 800,000 livres en procès pour la défense de leurs mono» poles. On vit notamment les *chandeliers*, les *vinaigriers-* » *moutardiers*, les *apothicaires*, combattre pendant des » siècles, pour s'affranchir de la domination de l'*épicerie*.

» Les libraires se soulevaient contre les bouquinistes, » dès que ceux-ci prétendaient vendre un livre neuf ; les » boutonniers en métal s'insurgeaient contre les tailleurs, » quand ils adaptaient à un habit un bouton recouvert » d'étoffe, et le Parlement lui-même, se prononçant en » faveur des boutonniers-ciseleurs, proscrivit impitoyable» ment les boutons faits à l'aiguille ; on enjoignit même » aux officiers de police de les couper dans la rue, sur les » habits des passants. De leur côté, les tailleurs de Paris » intentèrent aux fripiers, pour bien déterminer la limite » qui sépare un habit fait à neuf d'un vieil habit, d'inter» minables procès qui occupèrent le rôle du Parlement de » 1730 à 1776.

» Entre temps, les maîtres perruquiers de Lyon poursui» vaient avec ardeur les chirurgiens-barbiers devant les » juges consulaires pour avoir raison de leur prétention » attentatoire à leur monopole de « friser et accommoder » les cheveux des pratiques qu'ils avaient rasées. » La » communauté des traiteurs de Lyon, s'indignant à son » tour des empiètements des pâtissiers, faisait saisir par ses » *maîtres-gardes*, avec escorte d'huissiers et recors, un » repas servi par le sieur Nugue, pâtissier en renom, chez » l'un des bourgeois de la ville ; si bien que la juridiction » consulaire et le Parlement eurent à se prononcer succes» sivement sur la grave question de savoir : si les pâtissiers » peuvent servir des dîners en ville. » (1)

(1) Discours de M. Eugène Tallon à la Cour d'appel de Lyon, 4 Septembre 1878. — *Bulletin de la Société de Protection*. XI, page 685 et suivantes.

Les savetiers se battaient avec les cordonniers, les épiciers avec les charbonniers, etc.

Il existe au Havre une vieille Société qui s'est modifiée avec le temps, et a été successivement : Corporation, Association ouvrière et enfin Société en commandite par actions.

Nous voulons parler de la Société des *Brouettiers du Grand-Corps*, entreprise de Camionnage, sur l'origine de laquelle on ne retrouve de traces précises ni aux archives de la ville, ni à la Bibliothèque municipale, ni dans les études des notaires. Il existe cependant à l'Hôtel-de-Ville, un rapport sur les différentes corporations de la ville, rapport présenté à Louis XIII, lors de son passage au Havre, lequel fait remonter l'origine des Brouettiers du Grand-Corps à 1630-1635.

L'Association était divisée en deux catégories : le *grand parti*, pour les marchandises sèches, et le *petit parti* pour les bois à brûler.

Les deux camps ne pouvaient se réunir, ils avaient chacun leur Bourse spéciale.

Ce n'est qu'en 1744 qu'il fut interdit au grand parti « d'empêcher le petit de l'aider. »

L'état de brouettier était déclaré « incompatible avec d'autres professions » les vieillards et les malades devaient se faire remplacer par des garçons, qui partageaient les profits avec eux ; il fallait servir ainsi pendant quatre ans comme *garçon*, pour pouvoir passer *maître*.

En 1775, les Brouettiers se refusant au travail, des plaintes furent portées devant les Echevins, qui prescrivirent l'assiduité sous peine de 48 heures de prison et de déchéance de la maîtrise.

Les Brouettiers ne pouvaient porter que les marchandises sèches et les bois à brûler, le transport des liquides était exclusivement réservé à une autre Corporation, celle des *Bruments* ou *Bréments*.

Chaque Corporation avait donc son monopole et ses privilèges particuliers, et se ruinaient en procès de tous genres pour conserver ou augmenter ces monopoles.

Telle était l'ancienne organisation de l'industrie, organisation qui entravait les affaires en restreignant la concurrence.

C'est alors que Turgot supprima les Maîtrises et les Jurandes, en 1776, et proclama *la liberté du travail.*

Ce n'est pas sans peine que cet habile ministre fit triompher son plan de réformes devant le Parlement ; l'avocat général Séguier soutint que « les entraves, les gênes, les prohibitions contre lesquelles s'élevait le ministre, étaient la gloire, la sûreté, l'immensité du travail français. »

Trois mois plus tard, Turgot était renversé et les Communautés rétablies.

La Révolution détruisit tous les privilèges, et les Maîtrises et les Jurandes furent abolies par la Loi du 2 mars 1791. (1)

Arrêtons-nous là pour un instant, et faisons retour sur nos pas. Ainsi, au début, l'Industrie, c'était l'esclavage ; l'ouvrier était esclave et la propriété d'autrui.

Peu à peu, l'Industrie conquiert son indépendance ; nous voyons le travail devenir successivement servitude, monopole, privilège.

L'apprenti doit lutter contre une foule de difficultés pour parvenir au titre d'ouvrier : redevances, épreuves, etc ; puis, s'il veut monter encore, nouvelle redevance, nouvelles épreuves, nouveaux obstacles.

La concurrence était bannie de l'Industrie, c'était le but des corporations. Mais, l'absence de concurrence paralysait le développement du travail.

---

(1) Quelques corporations, cependant, conservèrent leurs privilèges : les *Bouchers*, jusqu'en 1858 ; les *Boulangers*, jusqu'en 1863 ; les *Courtiers de Commerce*, jusqu'en 1866.

D'autres corps de métiers étaient établis par *brevet*, la liberté fut successivement proclamée en 1864 pour les *Théâtres*, pour les *Imprimeurs*, pour les *Journaux*, en 1870.

A quand les *agents de change, avoués*, huissiers, commissaires-priseurs, etc. ?

La Révolution arrive enfin, et brise tous les privilèges : la liberté du travail est proclamée.

Dans ces conditions, que deviennent l'apprentissage et l'apprenti ?

La *Loi de 1791* établit la liberté absolue en matière d'apprentissage.

Sous prétexte de liberté, il ne faut pas aller jusqu'à la licence, et si l'organisation industrielle avant 1789 avait le défaut d'être trop criante, trop restrictive, si les ateliers étaient trop fermés, la Loi de 1791 ouvrait la porte à d'autres abus et leur laissait libre carrière. Les parents avaient carte blanche poui livrer leurs enfants à l'exploitation, et les patrons pouvaient impunément pratiquer cette exploitation.

La *Loi du 22 Germinal an XI* mit ordre à cet état de choses ; l'Etat eut dès lors la faculté d'annuler les contrats d'apprentissage entachés d'illégalité et dans lesquels les contractants, parents ou patrons, empiétaient sur leurs droits respectifs à l'égard de l'enfant.

De plus, le législateur, tout en défendant la liberté de l'apprenti contre les exigences du patron, protégeait celui-ci contre la mauvaise foi de l'apprenti.

Mais le développement de l'Industrie après 1815, la multiplicité des ateliers, les effets de la concurrence, amenaient des abus envers les apprentis, abus qui nécessitèrent la Loi du *22 Mars 1841*, qui fut remplacée par celle du *25 Février 1851*.

L'apprentissage n'en était pas moins obligatoire, les apprentis étaient liés par un contrat, et payaient une redevance.

L'apprenti était l'objet d'une sollicitude toute particulière, on le plaçait aux côtés des premiers ouvriers de l'atelier, on le faisait travailler, on lui apprenait son métier.

Devenu ouvrier, il rendait des services à l'établissement qui l'employait, il aidait son patron à s'enrichir, puis, à l'aide de ses propres économies, il fondait une petite maison, et se créait peu à peu une position indépendante et d'un avenir certain; d'autres fois, l'ouvrier, intelligent, laborieux, dévoué, économe, succédait à son patron ; parfois, il restait ce qu'il était, ses enfants entraient avec lui à l'atelier comme apprentis et à leur tour devenaient de bons ouvriers. La profession était, pour ainsi, dire héréditaire, rarement le fils prenait une autre carrière que celle suivie par son père.

Ah, si en ce temps-là, l'instruction avait été répandue comme elle l'est aujourd'hui, l'Industrie eût produit des chefs-d'œuvres !

Mais, à défaut d'instruction, nos pères y suppléaient par leurs connaissances professionnelles, par le zèle, l'activité, l'amour du travail, et...... *le cabaret était inconnu !*

Les apprentis étaient alors dignes de ce nom, ils *apprenaient* leur métier, et tous les ouvriers connaissaient le leur.

Tout à coup, la vapeur transforme l'industrie ; aidée du Télégraphe et des Chemins de fer, la machine révolutionne la vie commerciale et industrielle, le travail en est profondément modifié.

Les ateliers se multiplient, les ouvriers des campagnes émigrent vers la ville.

L'apprentissage se ressentit naturellement de cette révolution, on fut moins exigeant, l'ouvrier fut moins perfectionné : il fallait et il faut de plus en plus produire vite et produire beaucoup.

Les contrats d'apprentissage devinrent de plus en plus rares, et la Loi de 1851 n'eut sur eux aucun effet ; en 1850, sur 19,114 apprentis employés à Paris, 4,077 seulement étaient liés par un contrat ; tandis qu'en 1860, pour 19,742 apprentis, il n'y avait que 4,523 contrats. Les dix-huit ans d'empire ont aggravé encore la situation.

La classe ouvrière, exploitée, cajolée en même temps que corrompue, suivant les besoins de la cause, se déprécia : l'état moral s'affaiblit.

Cela nous a donné les grèves, les excitations, etc. Pendant

ce temps, l'Allemagne déchainait sur nous sa bande noire, qui, tout en espionnant, apprenait à travailler chez nous pour essayer de nous ruiner ensuite!

En ce temps-là, c'étaient les chassepots qui devaient *faire merveille*, l'instruction était reléguée au second plan.

Au fur et à mesure que l'Industrie prenait de l'extension, le niveau professionnel des ouvriers baissait.

L'Agriculture et l'Industrie ont en elles un mal qui les ronge, et qu'il est temps de guérir.

CHAPITRE III

Aujourd'hui

Le mal dont nous parlons au chapitre précédent, se présente, en ce qui concerne l'Industrie, sous deux formes différentes :

1° Incapacité professionnelle des ouvriers.

2° Etat moral défectueux des classes laborieuses.

Ces deux vices en ont engendré un troisième aussi redoutable : la concurrence étrangère.

L'Angleterre, la Belgique, l'Allemagne, l'Italie, nous enlèvent le monopole de certains produits, elles luttent contre nos industries et ne négligent rien pour les détruire.

Et que dirons-nous de l'Amérique, cette jeune nation qu'on s'est plu à considérer si longtemps comme un enfant au berceau et qui se révèle géant !

Il est juste de dire que la concurrence étrangère a été préparée par les fabricants français qui emploient des ouvriers étrangers, lesquels se contentent d'un salaire très-réduit, certains qu'ils sont de trouver une rémunération plus large quand ils rentreront dans leur patrie, où ils iront lutter contre le pays qui les aura abrités et instruits.

Les ouvriers français, par leurs exigences, se prêtent quelquefois à ce jeu.

Les fabricants doivent éviter l'envahissement étranger, mais les ouvriers doivent, eux aussi, éviter tout ce qui ne peut que leur nuire et profiter à nos adversaires qui sont aussi les leurs.

Pour combattre la concurrence, il faut, avant tout, détruire les deux maux que nous signalons : incapacité professionnelle et état moral défectueux.

Avant de songer à les détruire, étudions-les, cherchons-en la source, connaissant leur origine, il nous sera plus facile de trouver le remède efficace.

Pour nous, si les ouvriers ne connaissent pas assez leur métier c'est que, tout d'abord, l'industrie étant plus développée qu'autrefois, il faut, ainsi que nous l'avons dit, produire vite et produire beaucoup.

L'instruction professionnelle des ouvriers est donc précipitée, et par suite, elle se fait beaucoup trop à la légère.

Ensuite, la vie est comme l'industrie, elle devient hâtive, les parents attendent avec une impatience fébrile que leurs enfants aient douze ou treize ans pour les mettre à travailler, non pour qu'ils apprennent un métier, mais pour qu'ils gagnent quelques sous.

Autrefois, on disait : « J'ai un fils, quand il aura atteint » sa treizième année, je le mettrai en apprentissage, j'en » ferai un ajusteur, un menuisier, un serrurier, » on avait en vue d'en faire un *ouvrier*.

Aujourd'hui on dit : « l'année prochaine, Gustave aura » treize ans, nous le retirerons de la classe, *il est temps.* » A 13 ans, on peut travailler ! Nous en ferons un commis, » *il gagnera tout de suite*, et c'est plus propre que d'être » forgeron. »

D'autres disent : « Pourquoi voulez-vous que je fasse un » ouvrier de mon garçon ? mon père était douanier, j'ai » passé ma vie dans la Douane, mon fils sera douanier. Il » est plus instruit que je ne l'étais, il arrivera plus vite. »

Quel avenir ! Il mourra peut-être brigadier !... ou il sera retraité comme emballeur de première classe !...

Voilà comment on se préoccupe de l'avenir des enfants ?

Et ce qu'il y a de plus triste, c'est que les enfants que l'on destine aux ateliers sont ceux que l'on enlève le plus tôt de l'école, sous prétexte qu'on *en sait toujours assez pour faire un ouvrier.*

Comme si, intrinsèquement parlant, il n'est pas plus ingénieux, plus savant, de mouler un cylindre de machine à vapeur ou de faire une serrure, que de griffonner du papier timbré de 8 heures du matin à 8 heures du soir chez un notaire ou que de *copier* des factures chez un négociant, fût-il Président du Tribunal de Commerce !

Oui, répétons-le, en mettant leurs enfants à l'atelier, les parents n'ont d'autre but que de toucher quelques francs au bout de la semaine.

Voilà la véritable plaie de l'Apprentissage, ajoutez-y l'égalité des salaires, qui a détruit l'émulation, et vous saurez pourquoi on ne fait plus d'apprentis.

Comment voulez-vous qu'un patron consciencieux s'intéresse à son apprenti, si celui-ci, poussé par les parents et par les ouvriers, réclame augmentation sur augmentation, et quitte l'atelier au moment où il commence à savoir quelque chose !

C'est, en effet, ce qui empêche beaucoup de patrons de faire des apprentis.

Bon nombre d'industriels en ont fait jadis, qui, tous ou presque tous, n'étant pas liés par un contrat, sont partis dans un autre établissement, moyennant un salaire plus élevé, et par ce fait, ainsi que nous l'avons dit autre part : (1).

« Les patrons et les contre-maîtres qui avaient sacrifié » leur temps à instruire ces apprentis méconnaissants, se » voyaient préférer leurs confrères qui recueillaient le » fruit de plusieurs années passées à une initiation plus ou » moins difficile et plus ou moins moins laborieuse. »

Alors, on comprendra que certains patrons se soient peu à peu lassés de faire des apprentis qui, nous ne craignons pas la contradiction sur ce point, ne causent que tracas et

---

(1) *Essai sur la Question de l'apprentissage*; T. F. C. — Janvier 1883.

ennuis de toute sorte, sans parler du gâchis, des marchandises perdues, des fournitures prodiguées, etc.

La première question qu'un apprenti pose en entrant à l'atelier, est celle-ci : « Combien me paierez-vous ? » Il ne demande pas à travailler, ou plutôt à apprendre, il cherche à gagner, c'est de l'argent qu'il lui faut ; s'il accepte le prix qu'on lui offre, il demandera de l'augmentation au bout d'un mois, sans s'inquiéter s'il aura fait des progrès ou non. Puis, quand il sera ébauché, il s'en ira ailleurs pour gagner d'avantage, dût-il abandonner la profession qu'il avait d'abord embrassée.

Un apprenti entré à notre service après avoir travaillé chez un *quincaillier* puis chez un *forgeron*, nous a quitté pour se faire *voilier*.

Autre exemple : Nous cherchions un apprenti, un jeune garçon de 15 ans se présente, « combien me paierez-vous ? », ce fut son premier mot.

Alors, nous lui expliquons que notre habitude est de donner 50 ou 75 centimes par jour pour débuter, et que nous l'augmenterions au fur et à mesure qu'il se perfectionnerait. Il voulut gagner 1 fr. 25, autant qu'un autre apprenti occupé chez nous depuis un an. Nous pensâmes que cet enfant avait déjà travaillé dans une fonderie et qu'il était capable de rendre des services dès son entrée ; nous nous trompions, c'était un mousse qui venait de faire deux voyages aux Antilles !

Il est bien naturel que les apprentis cherchent à gagner le plus qu'ils peuvent, il est clair aussi que la cherté toujours croissante des denrées de première nécessité force les parents besoigneux à augmenter leurs ressources dans la plus large mesure. Mais il ne faut pas aller jusqu'aux abus, et les parents devraient mieux raisonner leurs intérêts et ceux de leurs enfants, et se bien pénétrer de cet axiome : que pour gagner beaucoup, il faut travailler beaucoup et faire bien ; si toute peine mérite salaire, tout salaire doit être justifié par une quantité suffisante de travail.

On a donc tort de pousser les enfants à gagner beaucoup, au détriment de leur avenir ; il faut avant tout leur faire apprendre convenablement un métier.

Si les parents en étaient bien pénétrés, ils ne feraient pas embrasser à leurs enfants une carrière sans avenir, et au lieu de les mettre chez un marchand de nouveautés à cirer le parquet et à porter des paquets en ville, ils les placeraient en apprentissage pour leur mettre un métier en main, et ces enfants, avec de la conduite et de la bonne volonté, arriveraient un jour à gagner facilement leur vie.

On conçoit tous les désavantages qu'il y a pour un enfant à changer fréquemment d'atelier et même de profession, on lui fait faire un peu de tout il ne saura rien.

Quand un apprenti entre dans un établissement, on commence par lui faire faire les petites corvées ; il faut qu'il en fasse le moins possible, mais il y en a qu'il ne peut éviter, il y a une foule de petits travaux qui lui permettent de faire connaissance avec les outils, avec les ouvriers et avec les usages de la maison. Or, si l'apprenti quitte son patron au moment où celui-ci commence à le faire travailler, il n'aura recueilli dans son passage à l'atelier, qu'une initiation aux petites corvées, et ce jeu répété plusieurs fois, dans des maisons ou des professions différentes, n'aura d'autre résultat que celui-ci : l'apprenti, devenu jeune homme ira à l'armée, et, de retour dans ses foyers, il ne sera apte à aucun travail intelligent et productif, ce sera un manœuvre de plus.

Et c'est malheureusement ce qui se passe de nos jours, les manœuvres sont faciles à trouver, tandis que les bons ouvriers se font rares et que d'autre part, l'agriculture manque de bras, parce que tous les paysans veulent travailler à la ville, dont ils ont entendu dire monts et merveilles, ne se doutant pas que si, à la campagne, ils vivaient avec une facilité relative en gagnant 2 ou 3 francs, en ville au contraire, ils auront peine à mettre les deux bouts ensemble avec un salaire de 4 ou 5 francs.

L'incapacité professionnelle d'un grand nombre de nos ouvriers n'est pas faite pour aider l'Industrie française à lutter avec ses rivales.

Dire qu'il n'y a plus en France d'ouvriers habiles, serait peut-être une exagération, mais il est indiscutable qu'ils se font de plus en plus rares et que la plupart de nos ouvriers n'ont pas une connaissance suffisante de leur métier, or, « savoir mal ou ne rien savoir, c'est *unum et idem.* »

CHAPITRE IV

Demain

Après avoir examiné les conditions anciennes et actuelles de l'Industrie au point de vue de l'apprentissage, nous allons rechercher quels sont les moyens de préparer l'avenir.

A. — Du Contrat d'Apprentissage

Le contrat d'apprentissage a été longtemps employé pour l'instruction professionnelle des enfants ; l'apprenti ne cherchait pas alors à gagner avant tout, il demandait à apprendre. Dans le contrat, tout était prévu et précisé : durée de l'apprentissage, conditions, redevance, rétribution, etc.

L'apprenti était intimement lié au patron et à l'atelier, il fallait qu'il travaille, il fallait qu'il apprenne.

Beaucoup d'industriels de nos jours ont payé leur apprentissage aux termes d'un contrat intervenu entre leurs parents et leurs patrons.

Mais, les grandes transformations successives qu'a subies l'Industrie, ont modifié les choses ; les apprentis sont devenus plus difficiles et partant plus rares.

Peu de patrons ont conservé dans leurs ateliers l'usage du contrat.

Est-il possible de le faire revivre ?

Il est clair que le contrat a une foule d'avantages, il crée des devoirs et des engagements pour le patron comme pour l'apprenti.

Nous croyons que, pour être efficace, le contrat devrait être obligatoire et uniforme dans tous les ateliers.

Or, il est bien difficile d'établir cette uniformité, même dans une seule industrie ; le genre de travail, l'importance de l'atelier, etc., ne sont pas les mêmes partout, par suite, les besoins ne sont pas les mêmes aussi.

La Chambre Syndicale des *Mécaniciens, Chaudronniers et Fondeurs* de Paris, s'est posé aussi cette question : « Devra-t-on faire avec les parents de l'apprenti un contrat d'apprentissage ? »

Le rapport de M. Levassor, du 9 Janvier dernier, constate que la Commission a été d'avis de laisser cette question *sans réponse*, afin de ne pas établir de règles fixes. très-difficiles à déterminer pour des établissements qui diffèrent comme importance et comme genre de travail.

Dans certaines industries, il est presque impossible de lier l'apprenti par un contrat.

La Chambre Syndicale des *Constructeurs-Mécaniciens, Chaudronniers et Fondeurs* du Havre, a nommé en Février dernier, une Commission chargée d'étudier la question de l'apprentissage ; cette Commission, après avoir admis en principe l'obligation du contrat pour tous les apprentis ne sortant pas de l'Ecole d'Apprentissage, s'est heurtée à cette difficulté : comment lier les apprentis chaudronniers (en fer) par un contrat ?

Il n'y a pas, à proprement parler, d'apprentis chaudronniers, il y a des *chauffeurs de clous*; or, dans un port comme le Havre, un chaudronnier peut avoir des réparations à faire à bord de plusieurs navires à la fois, il lui faudra autant d'équipes qu'il aura de navires à réparer, et autant de chauffeurs de clous qu'il aura d'équipes. Puis, ces réparations terminées, il faudra licencier ces équipes et naturellement, les apprentis ne seront plus nécessaires ; à l'improviste, il en faudra 3, 4, 5, 10 dans un atelier, et au bout de huit jours, deux ou trois suffiront largement.

Le remède serait bien simple, ce serait d'employer des adultes comme chauffeurs de clous, mais malheureusement, il faut des enfants pour la chaudronnerie en fer, des jeunes gens ne rendraient pas les mêmes services.

Quant au salaire, comment le fixer pour un apprenti chaudronnier ?

On peut décider que les apprentis mouleurs, ajusteurs, etc., recevront tant la première année, tant la seconde et ainsi de suite. Mais pour les chauffeurs de clous, ce n'est plus possible, on sait quelle est leur importance dans une équipe ; un enfant intelligent, habile, actif surtout, peut forcer les ouvriers à travailler sans arrêt : tant qu'il y a des clous, il faut river. Au contraire, un apprenti paresseux ou insouciant réduira tout une équipe à l'impuissance et cinq hommes vous en coûteront dix.

Alors qu'un apprenti mouleur ou ajusteur gagnera un franc, un chauffeur de clous peut valoir deux francs, deux francs cinquante, tandis qu'un autre gagnera toujours trop, si son insouciance ou son inhabileté réduit la production de deux hommes au travail d'un seul.

Il n'y a donc pas de règles fixes à établir pour les apprentis chaudronniers.

Quoiqu'il en soit, si le contrat doit être employé dans les ateliers, la condition essentielle du succès est la rémunération suffisante de l'apprenti.

Car, si nous convenons que l'apprentissage devient de plus en plus difficile, par suite de l'âpre désir qu'ont les parents de faire produire leurs enfants, il faut, pour y remédier, payer l'apprenti assez cher pour qu'ils se décident à le confier au patron : celui-ci a alors tout intérêt à exiger le contrat, c'est sa garantie, et nous ne pensons pas que les familles ouvrières le refuseraient, dès lors que l'apprenti serait suffisamment rémunéré.

Nous ne dissimulerons pas notre préférence pour les écoles professionnelles, mais nous reconnaissons que l'apprentissage à l'atelier a aussi bien des avantages. Au surplus, tous les enfants n'iront pas dans les écoles spéciales, il ne faut pas négliger ceux qui viendront directement à l'atelier.

Restent à fixer :

1° l'âge auquel doit commencer l'apprentissage,

2° sa durée,

3° le salaire progressif.

Afin de satisfaire à la Loi du 19 Mai 1874, sur le travail des enfants, on ne peut prendre d'apprentis au-dessous de l'âge de 12 ans.

Ces enfants doivent en outre être munis d'un certificat attestant qu'ils ont acquis l'instruction primaire élémentaire.

L'apprentissage commencé trop tôt ne vaut rien, il ne devrait pas commencer avant l'âge de 13 ans.

Quant à sa durée, on accepte généralement de trois à cinq ans, suivant les branches d'industrie.

Quant au salaire, il est en moyenne de cinquante centimes à 1 fr. par jour pour la première année, 1 fr. 25 ou 1 fr. 50 pour la seconde, puis, 2 et 3 fr.

Nous trouvons à ce sujet dans le rapport de M. Levassor (Chambre Syndicale des Mécaniciens, de Paris, Janvier 1883) des renseignements intéressants ; nous les réunissons ici sous forme de tableau, en y joignant ceux que nous avons recueillis nous-même.

NOMS des ÉTABLISSEMENTS	Age auquel commence l'Apprentissage	DURÉE	SALAIRE QUOTIDIEN 1re Année	2e Année	3e Année	4e Année	5e Année	OBSERVATIONS
Ateliers de l'Artillerie, Puteaux..	13	4	1 —	Augmenté suivant le zèle de l'Apprenti		3 —	—	Cours de Comptabilité et Dessin
Albaret, Liancourt............	13	3/4	1 —			3/4	—	
Chemins de fer du Nord (Tréguier)	13	4	1 25	2 50	2 50	3 —	—	Géométrie 1 h 1/2 tous les soirs
Voruz, Nantes................	14	4	Rétribution					
Brisonneau, Nantes...........	13	3/4	30 francs par an					1/3 de la Journée au Dessin.
Ducommun, Mulhouse..........	13	4/5	0 75	1 25	1 75	2 25	—	
Gérard......................	13	3	260 f. pr les 3 ans, plus 150 f. à la fin.				—	
Perin, Panhard et Co, Paris.....	13	4	1 —	1 50	2 —	2/3	—	
Constructions Navales du Havre.	14	5	0 75	1 25	1 75	2 50	3 —	Gratification à la fin.
H. Bossière, Havre............	14	3 (*)	0 75	1 75	3 —	—	—	
		(**)	0 75	1 25	1 75	—	—	

(*) Mouleurs.

(**) Ajusteurs.

Nous pensons, en résumé, que l'apprentissage ne doit pas commencer avant 13 ans, qu'il doit durer au moins 3 ans; quant au salaire, nous préférons l'indemnité quotidienne aux rétributions comme cela se fait chez M. Voruz, de Nantes, et chez M. Gérard.

Dans tous les cas, nous croyons devoir insister sur ce point, que pour être pratique, le contrat d'apprentissage doit accorder des indemnités suffisantes à l'apprenti; les parents prennent certains engagements, il faut qu'ils reçoivent compensation et qu'ils le voient bien.

B. — Les Écoles d'Apprentissage

L'école professionnelle, voilà le véritable système de l'avenir.

Nous plaçons l'École d'Apprentissage au-dessus du contrat, et voici pourquoi : les parents ont hâte de mettre leurs enfants au travail; pour réprimer cet empressement, il est de toute nécessité que les enfants aient quelque idée de métier avant qu'ait sonné l'âge auquel les parents ont décidé de les envoyer à l'atelier.

On nous dit que « les parents soucieux de l'avenir de » leurs enfants, n'hésiteront pas à signer un contrat. »

Mais nous nous plaignons précisément de ce que l'on n'est pas assez soucieux de cet avenir !

Est-il venu quelquefois à un industriel l'idée de critiquer les Ecoles d'Arts et Métiers et d'en réclamer la suppression? Nous ne le pensons pas; eh bien! les Ecoles d'Apprentissage sont, dans l'enseignement technique et professionnel, l'échelon immédiatement inférieur aux Ecoles d'Arts et Métiers.

On objecte que celles-ci n'ont pas pour but de faire des ouvriers, mais bien des contre-maîtres qui plus tard peuvent devenir patrons.

Les contre-maîtres sortant de Châlons, d'Angers, d'Aix et de Lille ne sont-ils pas plus capables (nous ne disons pas plus habiles), au point de vue de la science professionnelle, que ceux qui se sont faits tout entiers à l'atelier ?

Les anciens élèves des Arts et Métiers ont même une supériorité *pratique* sur les élèves des grandes Écoles ; pour le dessin, notamment, les Arts et Métiers fournissent des sujets d'une réelle valeur.

Les Ecoles d'Arts et Métiers ont une qualité essentielle : l'enseignement théorique y est joint à la pratique ; les Ecoles d'Apprentissage, issues du même principe, ne sauraient, à notre avis, être accusées d'impuissance

Ce qu'il nous faut, ce ne sont pas seulement des ouvriers *habiles*, mais aussi des ouvriers *instruits.*

Cette raison seule nous fait préférer les Ecoles professionnelles à tout autre système, parce que, s'il est aisé de faire, dans un atelier, de bons ouvriers, des ouvriers habiles, il est beaucoup plus difficile de les y instruire.

Si l'on critique les Ecoles professionnelles, cela tient à ce que l'on commet souvent une grave erreur.

Feu M. Vasselin, Inspecteur primaire, dans sa notice sur l'Ecole d'Apprentissage du Havre, dit que cette Ecole est destinée « *à former des ouvriers.* »

M. Carriot, Inspecteur d'Académie, Directeur de l'Enseignement primaire de la Seine, dans son rapport à M. le Préfet (1881), dit aussi que l'Ecole de la Villette est destinée « à former des ouvriers. »

Le *Petit Journal* (numéro du 7 Août 1883), va plus loin : « l'Ecole du boulevard de la Villette, dit-il, produit des *ouvriers de premier ordre.* »

C'est une grave erreur ; les Ecoles d'Apprentissage ne sont pas destinées à former des *ouvriers*, elles ne doivent même pas y songer ; des ouvriers supposent un *atelier de production*, ce qui n'a rien de commun avec une *école.* Les Ecoles professionnelles ont pour but de former des *apprentis* et pas autre chose.

L'article du *Petit Journal* que nous citons, fait une confusion, il est intitulé l'Ecole d'*Apprentis* et parle d'*ouvriers de premier ordre.*

Autant dire que l'on sort *Colonel* de l'Ecole d'*Enfants de troupe.*

M. Bernard (1), qui est, lui, un industriel, ne s'y trompe pas : « il faut fonder des Ecoles d'où sortiraient les ouvriers » *futurs* de nos industries. »

Nous sommes convaincu que l'honorable M. Bernard, en employant le mot *futurs*, a compris la chose comme nous.

A l'atelier, l'apprentissage est *aujourd'hui* défectueux puisque le temps est gaspillé par les parents des apprentis; à l'école, il faut apprendre. Mais l'ouvrier ne peut se former qu'à l'atelier, il sera d'autant plus facile à former et d'autant meilleur que son apprentissage aura été bon, c'est pourquoi nous sommes partisan des Ecoles professionnelles.

Mais ne cherchez pas à faire des ouvriers à l'école, vous la détourneriez de son but. S'il faut quatre ou cinq ans pour faire un ouvrier de tel ou tel métier, un apprenti, sortant de l'Ecole d'Apprentissage le deviendra plus rapidement.

Nous apprenons qu'un grand établissement industriel du Havre vient d'embaucher un élève sortant de l'Ecole d'Apprentissage ; cet élève est si peu considéré comme *ouvrier*, qu'on lui a fait signer un *contrat d'apprentissage*, en tenant compte, bien entendu, de ses connaissances acquises. La durée de l'apprentissage étant fixée, dans l'établissement, à cinq ans, le contrat de cet élève a été fait pour *deux* ans, puisqu'il a déjà passé trois ans à l'Ecole.

Une autre raison qui fait que les ouvriers connaissent peu leur métier et que l'apprentissage est défectueux, c'est l'extrême *division du travail.*

Il n'y a pas à discuter cette division, c'est une nécessité devant laquelle il faut s'incliner pour produire vite, beaucoup et à bon marché.

Mais la division du travail est un danger pour l'ouvrier.

« Dans nos grands ateliers de mécaniciens, dit M. Lene-

(1) De la Chambre Syndicale des Ferblantiers et Lampistes de Paris.

» veux, ancien Conseiller municipal de Paris, dans nos » grands ateliers de mécaniciens, d'où sortent tant de » machines si savantes et si ingénieusement compliquées, » la plupart des ouvriers ne se rendent pas compte de » l'emploi futur d'une pièce sortant de leurs mains. Pour » trouver quelque intelligence de la chose, il n'y a guère » que les dessinateurs qui puissent juger et comprendre » l'ensemble du travail..............................

....

» Dans la bijouterie, la division du travail arrive à ses » plus extrêmes limites, au détriment des facultés intelli- » gentes à développer chez l'ouvrier... Et les façonniers, » quelle division !... Prenons la queue de billard. Elle est » composée d'un bois qu'un ouvrier a coupé et écorcé, qu'un » autre a tourné, et qu'un troisième a poli. A la partie » inférieure, se trouve un talon en os ou en ivoire, œuvre » d'un quatrième travailleur, qui peut en même temps » garnir le bout en os ; mais cette garniture ne sera pas » faite par le même, si elle est en ivoire. L'extrémité de » cette queue est surmontée d'un cylindre en cuir ou en » feutre nommé *procédé*; cela exige une autre main-d'œu- » vre. Enfin, on met du blanc ou du bleu sur ce *procédé* » pour adoucir encore le coup du joueur : nouvelle industrie. » Une tabatière, un parapluie, une arme à feu, d'autres » milliers d'objets encore se confectionnent dans des con- » ditions analogues. Que peut devenir au milieu de tout » cela un pauvre enfant que la misère de ses parents a » condamné à entrer *au pair*, c'est-à-dire pour sa nourri- » ture, et cela pendant plusieurs années, chez l'un des » fabricants qui ont entrepris l'une de ces spécialités, et » qui quelquefois ne sont pas au nombre de dix pour toute » la France, et peut-être pour le globe. Quand il y a *trop* » *plein* chez l'un, les autres sont dans la même situation. » Le boutiquier dit alors « que les affaires ne vont pas, » » et l'ouvrier s'en prend comme lui, tantôt à la politique, » tantôt aux variations de l'atmosphère ou à la cherté du

» pain, alors qu'il devrait reporter à ses parents et un peu » à lui-même une part sérieuse de responsabilité dans la » triste situation où il se trouve. *Quel argument en faveur » de l'instruction professionnelle commencée à l'Ecole » primaire, et continuée dans des Ecoles spéciales, gra- » tuites comme la première, et où l'habileté de la main, » progressivement amenée, préparera l'ouvrier à aborder » de front toute une série de travaux variés et distincts, » et lui donnera la confiance et le courage nécessaires pour » les entreprendre.* » (1)

Nous avons encore une observation à faire en faveur des Ecoles d'Apprentissage, c'est que les apprentis y seront placés sous la surveillance de professeurs qui ne leur apprendront pas autre chose qu'à travailler, tandis que dans les ateliers, les apprentis sont fréquemment perdus par les ouvriers qui leur inculquent quantité de raisonnements faux, qui leur sont très-préjudiciables, pour leur présent et pour leur avenir.

Nous avons vu un apprenti placé sous la surveillance d'un vieil ouvrier qui ne lui enseignait pas autre chose que des théories malsaines et lui faussait peu à peu l'esprit avec ses conférences sur l'anarchisme, ou autre science du même acabit, (nous ne saurions préciser, les théories de ce genre forment aujourd'hui un vocabulaire qui s'enrichit tous les jours de quelque trouvaille en *isme* dont on espère tirer merveille, en attendant qu'on ait atteint l'*idiotisme).*

Or, toutes ces théories n'ont pas cours dans les écoles, et nous sommes absolument d'accord avec M. le Président de la *Chambre Syndicale des Fabricants d'Appareils, d'Eclairage et de Chauffage par le Gaz*, de Paris, lorsqu'il dit :

« Il faut créer des Ecoles d'Apprentissage produisant des » hommes venant répandre dans nos ateliers la concurrence » entre les ouvriers routiniers ou mal intentionnés et les » jeunes gens actifs et bien pensants.

(1) M. Leneveux. — *Le Travail Manuel en France.*

» Que le gouvernement aide l'Industrie à créer et entre-
» tenir des Ecoles d'Apprentissage, et le mal cessera, et en
» peu de temps, l'Industrie française sera à même de con-
» server une place qui lui est sérieusement disputée aujour-
» d'hui. » (1)

Citons aussi l'opinion du Secrétaire du même Syndicat :

« Les élèves des Ecoles nouvelles seront peut-être dis-
» posés à lutter contre les idées subversives que cherchent
» à leur inspirer les exploiteurs qui ne vivent qu'à leurs
» dépens. »

Créons donc des Ecoles professionnelles.

En Allemagne, en Belgique, en Angleterre, en Russie, aux Etats-Unis, en Autriche, au Portugal, partout on ne néglige rien pour améliorer l'industrie; l'enseignement professionnel a toutes les sollicitudes du gouvernement et tient une large place dans l'instruction publique.

En Belgique surtout, on fait beaucoup pour les Ecoles spéciales ; on y compte près de 100 Ecoles et Ateliers professionnels.

En France, le Havre a créé la première école de ce genre en 1866, sur l'initiative de M. Collard, ancien officier supérieur d'Artillerie et alors Adjoint au Maire. Il existait déjà l'Ecole primaire professionnelle, créée en 1860, et où se faisaient des cours professionnels ; c'est alors qu'en 1866, M. Collard conçut l'idée de fonder une véritable Ecole d'Apprentissage.

Grâce à l'administration de M. Jules Siegfried, Maire du Havre, si dévoué à la cause de l'Instruction publique, l'Ecole d'Apprentissage a pris une certaine extension ; son budget de dépenses qui s'élevait à 9,000 francs en 1868, a atteint 28,000 francs en 1880.

Peu après le Havre, Paris a fondé l'Atelier municipal d'Apprentissage de la rue Tournefort et l'Ecole d'Apprentis du boulevard de la Villette.

(1) Discours à l'Assemblée générale du 9 Janvier 1882.

Un grand nombre de villes ont suivi l'exemple de Paris et du Havre : Reims, Nantes, Douai, Rouen, Charleville, Lyon, Nancy, etc,

Sans parler des écoles d'Horlogerie, de Cluses et de Besançon, l'Ecole des Tisseurs de Nîmes, l'Ecole de Dentelles de Dieppe, etc.

Quelques-unes de ces Ecoles sont dues à l'initiative privée, et beaucoup d'autres encore.

C'est ainsi que la Chambre Syndicale des *Marchands-Tailleurs* de Paris a créé une Ecole en 1881, grâce aux efforts de MM. Ulmer, Ducher et Vivier.

M. Rodanet a fondé l'Ecole d'Horlogerie de Paris ; nous avons eu le plaisir de voir cet infatigable et persévérant travailleur récompensé au 14 Juillet dernier par la croix de la Légion d'Honneur.

M. Jousset, Président de la Chambre des Imprimeurs a préparé un projet d'Ecole professionnelle pour la Typographie.

L'imprimerie Chaix a son école à St-Ouen, et bon nombre de grands industriels ont créé dans leurs établissements une organisation scolaire admirable, nous ne citerons que le Creusot, les Compagnies de Chemins de fer, MM. Mame à Tours, Oberthur à Rennes, Dietsch à Liepore (Alsace) etc.

Il existe à Paris une autre Ecole, celle des chemins de fer du Nord, créée au mois de Février dernier,grâce à l'initiative de M. Damour, chef du personnel, officier de l'Instruction publique, infatigable lutteur pour tout ce qui est philanthropique. Après avoir fondé une Ecole primaire pour les enfants des employés du Nord, et une Société de secours mutuels, M. Damour a créé une Ecole aux Ateliers de la Chapelle, école confiée à l'habile direction de M. Sauvage, Ingénieur en chef de la Compagnie.

Nous espérons que M. Damour recevra un jour la récompense qui lui est due pour ses efforts en faveur de tout ce qui est bien, utile et moral.

L'année dernière, un groupe d'hommes actifs et dévoués

ayant à leur tête MM. Dietz-Monin, Spuller, Hubner, Ulmer et Zurlinden, voulait poursuivre en France la création de plusieurs écoles professionnelles, la première devant être établie à Paris, aux Magasins-Réunis. Malheureusement, ce projet qui fait honneur à ses auteurs, n'a pu aboutir.

Mais il ne faut pas se décourager, il faut au contraire redoubler d'ardeur et de persévérance ; la patience vient à bout de tout, soit, soyons patients, ne brusquons rien, mais faisons quelque chose.

Nous croyons inutile d'insister sur l'utilité des écoles professionnelles. Le gouvernement doit assurer son concours à toutes les institutions qui ont en vue le perfectionnement de l'instruction des ouvriers et la prospérité du travail national.

Mais nous croyons cependant, qu'on a tort de réclamer uniquement de l'Etat la création de ces Ecoles.

L'œuvre de M. Rodanet et de la Chambre Syndicale de l'Horlogerie nous paraît plus estimable.

Nous voudrions voir toutes les Ecoles d'Apprentissage sous le patronage des Chambres Syndicales ; elles sont plus compétentes en pareille matière et plus aptes à saisir les modifications que peut réclamer l'organisation de l'école.

La Chambre Syndicale des Mécaniciens de Paris, par l'organe de M. Liétaut, émettait l'avis au Congrès du Commerce et de l'Industrie de 1878, « que les écoles sont bonnes, mais à la condition qu'elles soient pourvues d'un Conseil de perfectionnement composé d'industriels. »

Les Ecoles du Havre et de Paris sont pourvues de cette commission de surveillance, l'élément ouvrier entre même dans celle du Havre. C'est une heureuse innovation, mais nous voudrions que les membres de ces Commissions fussent désignés par les Chambres Syndicales.

De cette façon, les Conseils de perfectionnement seraient uniquement composés d'industriels et d'ouvriers.

Nous ne voudrions pas non plus que les Ecoles entreprissent des travaux pour les particuliers.

On se plaint déjà de la concurrence faite à l'Industrie privée, par le travail dans les prisons et dans les communautés religieuses ; il n'y a pas de raison pour accepter la concurrence des écoles professionnelles.

Le cours de serrurerie ne doit travailler que pour les serruriers, celui de l'ajustage pour les mécaniciens, celui de la fonderie pour les fondeurs, etc.

Si les Chambres Syndicales avaient la surveillance des Ecoles d'Apprentissage, les choses ne se passeraient pas autrement.

La concurrence de l'Etat, à quelque degré que ce soit, est une iniquité qu'on ne saurait trop flétrir.

Le produit des travaux est affecté au dégrèvement des charges que créent ces institutions.

Les élèves reçoivent à leur sortie une certaine prime en espèces ; nous voudrions qu'une partie notable du produit des travaux fût destinée à assurer une pension viagère aux anciens élèves, arrivés à l'âge de 50 ans, ou la moitié de la pension à leurs veuves, ascendants ou enfants.

De cette façon les parents sachant que leurs enfants pourront recevoir plus tard, un petit soulagement, qu'eux-mêmes recueilleraient une partie de cette rente, ou que cette pension viendrait en aide à leurs petits enfants, les parents, disons-nous, n'hésiteraient plus à mettre leurs enfants à l'Ecole d'Apprentissage,

Les élèves de l'école du Havre reçoivent à leur sortie un outillage complet ; cela se comprend pour les menuisiers, mais quant aux ouvriers en fer, c'est du luxe !

Puisque nous parlons encore de l'Ecole havraise, disons qu'il est question d'y ajouter une classe de fonderie et une classe de chaudronnerie.

Les bons ouvriers mouleurs deviennent de plus en plus rares, dans les grandes villes on en trouve difficilement pour faire « la petite pièce ». Or, à l'école on ne peut faire que la « petite pièce », ou du moins, tous les modèles doivent être aussi réduits que possible, les apprentis ne peuvent que gagner à cet enseignement, ils acquerront plus d'adresse, la main sera plus docile et plus sûre.

Mais si les bons mouleurs sont rares, les bons chaudronniers le sont aussi ; les chaudronniers en cuivre sont trop peu nombreux, quant aux chaudronniers en fer, le métier est généralement peu considéré, le nom sonne mal pour beaucoup d'oreilles, et cependant, c'est un métier d'avenir.

La répulsion qu'on a pour la profession de chaudronnier est cause que les ouvriers se sont formés presque malgré eux et ne connaissent pas ce qu'ils devraient savoir : le dessin et la géométrie. Nous parlons naturellement des chaudronniers pour la grosse construction.

La géométrie descriptive est indispensable à tout ouvrier chaudronnier, il faut qu'il sache tracer et développer ses tôles.

Or, si vous n'enseignez à l'école que la géométrie, les ouvriers, de *praticiens* qu'ils sont, deviendront *théoriciens*.

La routine fera place aux expédients, car la pratique sans la théorie conduit infailliblement à la routine, et la théorie sans la pratique n'offre à l'ouvrier que des expédients.

Les travaux de grosse chaudronnerie ne sont pas aisés à introduire dans une école, mais on peut faire de la réduction.

Si l'on reconnaît la nécessité de l'enseignement de la géométrie descriptive, il faut un peu de pratique, il faut la démonstration avec le métal même, ce sera de l'enseignement par l'aspect. On arrivera certainement ainsi à de bons résultats.

Nous terminerons par les lignes suivantes, extraites du rapport de M. Tolain, sénateur, sur la proposition de l'honorable M. Martin Nadaud concernant les écoles professionnelles :

« Désormais, la prépondérance industrielle appartiendra
» à la nation qui saura le plus promptement tirer parti de
» toutes les découvertes et qui développera le plus com-

» plètement dans la masse ouvrière les connaissances
» techniques et l'habileté de la main.

» Le travail n'est fécond, le produit de fabrication supé-
» rieur, que si le metteur en œuvre, patron ou ouvrier, pos-
» sède la théorie et la pratique.

» Le praticien sans instruction est incapable de réaliser
» ses conceptions, si tant est qu'il conçoive encore ; et le
» théoricien, ignorant de la pratique, se heurte chaque
» jour à des difficultés d'exécution ; car l'homme qui manie
» la matière acquiert souvent un sentiment plus intense et
» plus sûr de ses propriétés fondamentales et des effets
» mécaniques que celui qui s'est livré à des études de
» cabinet.

» Si à ces qualités, développées par le travail manuel,
» mais qui restent aujourd'hui sans emploi par défaut de
» connaissances techniques ; si, à ces qualités, les simples
» travailleurs pouvaient joindre des notions élémentaires
» de mécanique, de chimie, de physique, leur collaboration
» prendrait bientôt une singulière importance. » (1)

D'où l'utilité de développer les connaissances techniques dans des écoles spéciales.

C. — Le Travail manuel dans les Ecoles Primaires

Comme complément des Ecoles d'Apprentissage, nous demandons que dans toutes les Ecoles primaires quelques heures par semaine soient consacrées à des travaux manuels.

Nous ne demandons pas, on le comprendra, que les Ecoles primaires se transforment en usines ou en ateliers, on n'y fera pas d'ouvriers, ni même d'apprentis.

Il est clair que si la guerre éclatait, nos Bataillons scolaires, qui défilent cavalièrement sur les boulevards, ne rendraient aucuns services, même pour monter la garde ! Mais enfin, les écoliers-soldats devenus conscrits n'auront pas de peine à devenir bons soldats, initiés qu'ils seront au

(1) *Bulletin de la Société de Protection des Apprentis.* — XIII, pages 35 et suivantes.

maniement des armes ; ils rendront la tâche plus facile à leurs instructeurs, et l'on sait combien de conscrits ont du mal à se faire au métier militaire, n'en connaissant rien et sachant à peine distinguer leur droite de leur gauche. Ce sera du temps de gagné.

Partant de ce principe, il est facile de comprendre que si les enfants sont initiés de bonne heure à manier le marteau ou le rabot, leur apprentissage sera plus facile quand ils entreront à l'atelier. Et, comme nous le disait si justement l'autre jour un vieux praticien, M. Laboureix, Conseiller municipal du Havre, le travail manuel à l'Ecole primaire *révèlera les vocations ;* c'est en maniant la lime ou la varlope que l'enfant sentira ce qu'il peut, ce qu'il veut faire.

On objecte que tous les enfants ne sont pas destinés à faire des ouvriers.

Peu importe ! Est-ce donc un si grand déshonneur que de se servir de ses mains ?

La religion chez les Turcs fait un *devoir* au Sultan de connaître un métier. (1)

Jean-Jacques Rousseau voulait que tout citoyen ait un métier en main.

Charles Fourier, en rêvant son *phalanstère*, voulait que chaque *série* industrielle disposât un local pour que les enfants puissent s'essayer avec les outils, et alors, « *il n'y » aurait plus de riches oisifs...*, Les enfants des riches » seraient tout aussi avides de travail s'ils en connaissaient » les éléments. » (2)

L'enseignement manuel dans les Ecoles primaires coûterait très cher ; mais on peut l'appliquer peu à peu.

---

(1) Les Turcs, du reste, ne négligent rien pour l'instruction professionnelle. Bon nombre d'apprentis sont envoyés à Paris, sous le patronage de la Société de Protection.

Nous en avons eu aussi au Havre, à l'Ecole d'Apprentissage.

(2) Traité de l'Association.

Le Conseil municipal de Paris crée des ateliers dans toutes les Ecoles communales.

Au Havre, l'Ecole primaire supérieure et une autre Ecole communale vont avoir bientôt des ateliers pour le fer et le bois.

Nous souhaitons ardemment que ces exemples soient suivis partout.

Le travail manuel serait le corollaire de la gymnastique, la santé des enfants s'en trouverait bien.

« De nos jours, l'éducation est devenue trop exclusive-
» ment intellectuelle et la santé du corps en pâtit. Voilà
» pourquoi nous voyons dans les magasins, dans les comp-
» toirs et dans les emplois publics, de jeunes hommes qui,
» quoique souvent pâles et faibles, sont pourtant mieux
» taillés pour frapper sur l'enclume et pour remuer de
» lourds fardeaux que pour mesurer des aunes de rubans
» et de dentelles. En un mot, nous avons trop d'hommes de
» bureau, trop de commis ; leur place serait mieux aux
» travaux des champs ou à manier la varlope, la bisaigüe
» ou la pioche du tailleur de pierre, que de rester debout
» derrière un comptoir. Laissons aux femmes le travail des
» femmes, et que les hommes ne le leur disputent pas. A
» elles aussi, nous devons des écoles et des métiers qui les
» arrachent aux souillures qui en attendent un si grand
» nombre.

» La manie des emplois est un ver rongeur qui finira par
» amener la dégénérescence de notre pauvre race latine si
» nous n'y prenions garde. » (1)

D. — De l'Emulation

Instruction professionnelle par les Chambres Syndicales

Reste maintenant à examiner l'éducation morale marchant de pair avec l'instruction technique et professionnelle.

(1) Rapport de M. Martin Nadaud, au nom de la Commission chargée d'examiner sa proposition sur les Ecoles d'Apprentissage. — 6 Mai 1878.

« Ne l'oublions pas, pour que l'instruction universelle-
» ment répandue, projette partout ses rayons vivifiants,
» éclaire les esprits, échauffe les cœurs, retrempe les carac-
» tères, il ne faut pas séparer sa cause de celle de l'*éduca-*
» *tion morale.*

» L'union de ces deux forces peut seule préparer l'avène-
» ment d'une démocratie fondée sur des principes de
» mutuelle entente et de bonne harmonie, sur la pratique
» réciproque des devoirs, sur les bases d'une égalité qui
» ne recherche pas le niveau dans l'abaissement de tous,
» mais élève à une nouvelle hauteur les intelligences et les
» âmes. » (1)

En effet, comme le dit M. Fougerousse, le mal est surtout un mal moral, « et le problème à résoudre est celui-ci :
» sauver l'ouvrier par lui-même. Il y a un plus grand
» service à rendre à l'ouvrier que de lui donner du travail
» et de l'argent : c'est de lui inspirer l'amour du travail et
» de l'économie. *Si jamais l'atelier est plein et le cabaret*
» *vide, la misère est vaincue.* La force productive et la
» prospérité d'un peuple dépendent, avant tout, de ses
» mœurs. » (2)

Il faut donc s'occuper de l'éducation des ouvriers.

« Si l'ouvrier ne vient pas à nous, allons à lui ; s'il nous
» déteste, aimons-le ; si des sophistes lui disent sans cesse
» que nous sommes ses ennemis, prouvons-lui, à force de
» dévouement, à force de sacrifice, à force d'amour, que
» ceux qui lui tiennent un pareil langage mentent effron-
» tément. » (3)

Et le plus sûr moyen d'y arriver est de commencer par l'apprenti, l'instruire, le moraliser et le tenir continuelle-

---

(1) M. Eugène Tallon, Discours à la Fete de l'Enfance ouvriere. (Société de Protection), 28 Juillet 1878.

(2) M. Fougerousse, entrepreneur de travaux publics. Lettre a la *Réforme du Batiment.* — *Bulletin de la Société de Protection.* XI, page 107.

(3) M. Louis Fliche, avocat à la Cour d'Appel de Paris. Conference du 18 Fevrier 1881. — *Bulletin de la Société de Protection.* XIV, page 182 et suivantes.

ment en garde contre les théories pernicieuses et les habitudes de cabaret.

La *Société de Protection des Apprentis et des Enfants employés dans les Manufactures* (1), fait beaucoup pour l'instruction et la moralisation des apprentis.

Nous croyons devoir reproduire quelques extraits de la notice de cette Société pour donner une idée du large but qu'elle poursuit.

« La *Société de Protection* a pour but d'améliorer la » condition des Apprentis et des Enfants employés dans les » Manufactures, par tous les moyens qui, en respectant la » liberté de l'industriel et l'autorité du père de famille, » agiront en conformité des lois sur l'apprentissage et sur » le travail des enfants dans les Manufactures.

» La Société est divisée en Œuvres-Annexes :

» 1° *Œuvre de l'Assistance judiciaire.* — Ce Comité se » met à la disposition de tous les intéressés pour agir dans » un but de conciliation et d'intervention médiatrices entre » apprentis et patrons, pour les difficultés que peuvent » susciter l'exécution des contrats d'apprentissage, etc.

» 2° *Œuvre des Sociétés d'Assistance paternelle.* — La » Société de protection a déjà suscité la création de Sociétés » d'Assistance paternelle des enfants employés dans plu» sieurs industries parisiennes.

» Protection attentive des apprentis, surveillance de leur » éducation, fondation de cours et d'écoles spéciales, créa» tion de concours avec récompenses importantes, tels sont » quelques uns des procédés mis en usage par ces Sociétés.

» Susceptibles de recevoir les organisations les plus diver» ses, elles réunissent tous les patrons d'une même industrie » dans une même pensée de bienfaisance et de morale qui, » si elle était mise partout en pratique, suffirait déjà à » transformer profondément la condition de l'enfance ou» vrière.

(8) 44, Rue de Rennes, a Paris. — (Cotisation 10 fr. ou souscription perpétuelle 100 fr.)

» 3° *Œuvre des Institutrices de Charité.* — Qui met à
» la disposition des industriels, des institutrices donnant
» gratuitement des leçons aux heures et aux conditions
» indiquées par les patrons,

» 4° *Œuvre des Bibliothèques d'Apprentis.* — Qui re-
» cueille ou achète des ouvrages instructifs qu'elle distribue
» partout où se trouvent des apprentis. Elle a ainsi déjà
» fondé de nombreuses bibliothèques et répandu plusieurs
» milliers de bons ouvrages.

» 5° *Œuvre du placement des Apprentis.*— Les familles
» peuvent faire inscrire à l'Agence de la Société, les
» demandes pour le placement en Apprentissage de leurs
» enfants. Les offres des industriels de prendre des enfants
» en apprentissage sont reçues avec empressement

» 6° *Œuvre du patronage des enfants étrangers.*

» 7° *Comité des Accidents de Fabrique.*— Pour encou-
» rager le perfectionnement des appareils de protection et
» en vulgariser l'emploi. »

On le voit, la Société de Protection a un but grandiose. Son bulletin est un véritable trésor où peuvent puiser à l'envi tous ceux qui s'intéressent à l'instruction et à la moralisation de la jeunesse ouvrière.

Nous avions réclamé déjà des concours d'apprentis et des primes en faveur des ouvriers qui se seraient voués à l'instruction professionnelle des apprentis.

Lorsque, après la publication de notre brochure sur l'Apprentissage, nous nous sommes livré à une étude plus approfondie de cette question, et que nous avons appris l'existence de ces *Patronages industriels*, ce fut pour nous une révélation.

Il y a là une belle tâche à remplir par les Chambres Syndicales, et il est à souhaiter que l'exemple de Paris soit bientôt suivi.

Parmi les institutions de ce genre, nous citerons l'*Assistance paternelle des Fleurs, Plumes, Modes*, avec cours et concours ; la *Chambre Syndicale de la Bijouterie-Imi-*

tation qui a créé une école de dessin, ainsi que l'*Union centrale des Beaux-Arts appliqués à l'Industrie*; la *Chambre des Dentelles*, le *Syndicat des Corsets et accessoires*, la *Chambre Syndicale des Boutons et Rubans*; les *Patronages du Papier*, de l'*Ebénisterie*, de l'*Emballage*, de la *Bijouterie, Joaillerie et Orfèvrerie*, etc.

M. Ernest Nusse, Secrétaire de la Société de Protection et M. R. Turney, Président de la Société d'Assistance paternelle des Fleurs et Plumes, ont bien voulu nous donner quelques renseignements sur ces Patronages.

D'une lettre de M. Turney, nous extrayons les lignes suivantes, qui donneront la mesure du but poursuivi par le Patronage des Fleurs et Plumes :

« La partie morale de notre œuvre est confiée à nos » délégués, qui visitent les enfants placés sous leur patro- » nage et font sur leur conduite des rapports trimestriels.

» Pour aider au développement de l'instruction, nous » avons institué deux cours gratuits qui ont lieu chaque » dimanche matin de 9 heures à 10 heures 1/2 ; nous four- » nissons livres, cahiers, etc. et faisons, tous les trois mois » un concours donnant lieu à un classement.

» Quant aux progrès professionnels, nous cherchons à les » stimuler par un concours annuel auquel sont conviées les » apprenties même étrangères à notre patronage ; les tra- » vaux, exécutés sous les yeux du jury par les élèves, sont » exposés au Trocadéro, le jour de notre fête solennelle, et » parfois au loin, comme en 1881, à Tours, cette année à » Blois. (1)

» Nous nous montrons aussi libéraux que possible pour » les récompenses affectées aux mérites de tous genres. » Enfin, nous tâchons d'intéresser à notre œuvre le per- » sonnel ouvrier de nos ateliers, en l'associant aux travaux

---

1) Le *Patronage des Fleurs et Plumes* a déjà obtenu plusieurs récompenses aux expositions : Medailles d'argent, Paris 1867 ; Bronze, Lyon 1872, Diplôme de mérite, Vienne (Autriche) 1873, Or, Paris 1879 : et enfin le Diplome d'honneur, a Tours, en 1881.

» des jurys, et en décernant des récompenses honorifiques » aux mérites qui nous sont signalés. »

Mettant à profit les renseignements de MM. Nusse et Tumey, et usant de notre situation de Secrétaire de la Chambre Syndicale des Constructeurs-Mécaniciens, Chaudronniers et Fondeurs, nous avons entrepris de créer au Havre un patronage similaire à ceux de Paris.

La *Société havraise d'Emulation et d'Encouragement*, pour les apprentis métallurgistes, est maintenant fondée.

Quel que soit le sort qui lui est réservé, nous avons résolu de sacrifier à cette œuvre, tout le zèle et le dévouement dont nous sommes susceptible.

A côté des patronages industriels, il existe à Paris une foule d'œuvres vouées à l'instruction des apprentis et des ouvriers.

L'*Union Nationale du Commerce et de l'Industrie* (1) a organisé des cours gratuits professionnels et commerciaux, ainsi que des conférences de géographie.

La Chambre Syndicale de la Maroquinerie et gaînerie accorde des récompenses à ceux de ses apprentis qui suivent les cours de l'Ecole municipale de dessin de la rue Etienne-Marcel, ou ceux de l'Ecole d'Horlogerie.

La Chambre Syndicale des Fleurs et Plumes étudie la création d'un cours professionnel de teinture qui aurait lieu au Conservatoire des Arts-et-Métiers.

La Chambre Syndicale des Photographes a créé des Diplômes d'opérateurs-photographes.

Nous ne devons pas oublier l'Ecole israélite de Travail (4 bis, rue des Rosiers) où les apprentis sont nourris et couchés ; ils partent le matin chez leurs patrons respectifs, emportant leur nourriture, ils rentrent le soir pour dîner et prendre des leçons ; ils ont un livret sur lequel le patron inscrit ses observations.

---

(1) Alliance des Chambres Syndicales, 10, rue de Lancry.

Nous devons citer aussi la *Tutelle*, Ecole privée, du même genre, et fondée par M. Piver, (27, rue Albouy) ; la maison de M. l'abbé Roussel, à Auteuil, 40, rue de la Fontaine, où les apprentis orphelins ou abandonnés sont logés, nourris, habillés et instruits, et reçoivent l'instruction professionnelle dans un des nombreux ateliers de l'Asile : Imprimerie, fonderie, clicherie, brochage, cordonniers, tailleurs, feuillagistes, menuisiers, serruriers, mouleurs et jardiniers.

Mentionnons également les cours de mécanique de M. Bougarel, à Paris, et M. Lelaidier au Havre.

Tout cela prouve combien on s'intéresse aujourd'hui à l'instruction des apprentis et des ouvriers, et tous ces exemples méritent d'être suivis dans toute la France.

Car, répétons-le avec l'honorable M. Turney :

« Il s'agit de l'avenir de nos industries, il s'agit de la » sainte cause de l'enfance ! » (1)

Il faut prendre l'enfant apprenti et le suivre pas à pas pour en faire un ouvrier.

De cette façon, on arrivera à détruire l'antagonisme qui existe entre le patron et l'ouvrier.

Tout en protégeant et instruisant les apprentis, on peut récompenser les vieux ouvriers pour leurs bons et loyaux services.

« Il faut ramener les ouvriers par un sentiment à la fois » d'intérêt et de conscience, à la fixité, à l'esprit d'établis- » sement, d'où découle l'esprit de famille. » (2)

Et nous voudrions revoir dans tous les ateliers cet esprit de famille qui y existait naguère : patrons et ouvriers s'en trouveraient bien, et l'Industrie ne s'en porterait pas plus mal.

(1) Discours à la Distribution des Prix aux Apprentis des Fleurs et Plumes, 9 Juillet 1882.

(2) Discours de M. Eugène Tallon, à la Fête de la Société de Protection, 28 Juillet 1878.

E. — L'Instruction professionnelle de la Femme

« Si l'on veut civiliser et perfectionner la classe ouvrière, » a dit Henri Conscience, *il faut commencer par la » femme.* »

L'instruction de la femme a été trop longtemps négligée, en France, et, ainsi que nous l'entendions dire récemment à M. Léon Grenier, Sous-Préfet du Havre, à la distribution des prix des Ecoles d'Apprentissage :

« Ce sera la plus grande gloire de la République d'avoir » créé réellement l'enseignement des jeunes filles. »

En Belgique comme en Allemagne, on a compris que l'instruction de la femme devait être au premier rang dans les préoccupations des gouvernements.

« A Liège, depuis 15 ans, les progrès de l'instruction » vont croissant ; l'on remarque, dit M. Micha, que les » femmes instruites se marient plus facilement que les » autres, ce qui fait spirituellement dire par les patrons à » leurs ouvrières, qu'on trouve tout dans les livres, même » des maris. » (1)

Fort heureusement, l'instruction des femmes prend aujourd'hui chez nous une importance qu'elle devrait avoir depuis longtemps.

Mais il ne faut pas se contenter de l'instruction scientifique, il faut aussi l'instruction professionnelle, il faut des Ecoles d'Apprentissage, des cours de couture, de repassage, de coupe, etc., ainsi que des cours de comptabilité.

Paris, le Havre, Nancy, Epinal, ont fondé des Ecoles d'Apprentissage pour les jeunes filles.

Peut-être un jour verrons-nous dans ces écoles un cours de *cuisine*, comme cela se fait en Angleterre.

Le gourmet John Bull toujours pratique a créé l'Ecole de Cuisine (*National Training school of cookery*) qui comprend : un cours de propreté, un cours de cuisine pratique, et un cours spécial pour les élèves se destinant au professorat.

---

(1) Congrès de Bruxelles, 1877. — *Bulletin de la Société de Protection.* X page 167.

Nous croyons savoir, du reste, que la Directrice de l'Ecole primaire supérieure de Paris (rue de Jouy), Mme Chegaray, a organisé dans ses classes, des cours pratiques de cuisine et « de ménage. »

Il est évident que l'on ne doit pas se borner à donner à la femme une instruction toute superficielle ; au contraire, plus l'instruction sera répandue et plus elle sera étendue, plus aussi l'éducation professionnelle devra être sérieusement et activement menée.

Il faut que la femme soit instruite, à la condition cependant, que l'éducation spéciale qui en fait une ménagère ne lui fera pas défaut.

La femme doit posséder l'instruction au même degré que l'homme, c'est ainsi qu'elle sera à même de tenir sa véritable place dans la société, mais il faut que la femme instruite soit aussi une ménagère, afin de ne pas se laisser aller à jouer « à la grande dame » ce qui n'est d'aucune utilité, et la conduirait trop souvent à la misère, à la ruine et à la débauche. Et la cause première de ces mauvais ménages dans lesquels nous voyons trop souvent le mari aller chercher, dans des lieux malsains, des distractions qui ruinent sa santé et donnent à ses enfants des exemples d'inconduite que ceux-ci mettent trop souvent en pratique, à l'âge où ils ne devraient penser qu'à se fortifier le corps et l'esprit, et qui préparent ainsi une génération faible et dépravée, tous ces maux, disons-nous, ont leur source dans l'insuffisance de la femme.

Il faut donc, non seulement multiplier les Ecoles d'Apprentissage, pour les jeunes filles, mais il faut aussi et surtout introduire dans les Ecoles primaires supérieures, des cours pratiques, comme ceux qu'a organisés Madame Chegaray.

LIVRE II

PATRONS & OUVRIERS

LIVRE II

PATRONS & OUVRIERS

CHAPITRE Ier

Rapports entre Patrons et Ouvriers
Grèves

« Il y a partout et il y aura longtemps encore malheu-
» reusement, disait un jour l'honorable M. Peulevey,
» Député du Havre, des individus absolument réfractaires
» à toute espèce de travail ; des énergumènes qui réclament
» bien haut dans toutes les réunions, le droit au travail,
» mais qui n'en veulent pas reconnaître l'obligation pour
» eux-mêmes ; des individus qui crient sus aux bourgeois,
» sus au patron, comme si le patron n'était pas les neuf
» dixièmes du temps le bon ouvrier d'hier, et comme si
» l'ouvrier d'aujourd'hui ne devait pas être le patron de
» demain. » (1)

Ces paroles sont d'une justesse frappante.

Le mot *patron* n'est pas antonyme du mot *ouvrier*, ce sont deux degrés différents dans l'ordre industriel, com-

(1) Discours au Banquet du Concours de Bestiaux. — Havre, 18 Mars 1883

mercial ou agricole ; ils se complètent l'un par l'autre, ce sont deux forces ayant un rôle différent, mais un but identique : le Travail.

Le patron a besoin de l'ouvrier, mais le premier est utile au second.

« Ceux qui prétendent que le *travail* et le *capital* sont » deux ennemis, a dit M. Edmond About, pourraient en dire » autant du pommier et de la pomme. *Aussi vrai que la » pomme est le fruit du pommier, le capital est le fruit » du travail.* »

C'est précisément sur ce soi-disant antagonisme du capital et du travail, que se basent ceux qui disent que le patron et l'ouvrier sont deux ennemis-nés.

Nous lisions il y a quelques mois dans un journal intransigeant :

« La fortune personnelle est toujours le produit du vol ; » si le vol n'a pas été commis par le possesseur, il l'a été » par ses ancêtres. »

Voici une jolie façon de défendre la classe ouvrière et de poursuivre l'amélioration du sort des travailleurs, que de leur dire : « Travaillez, mais n'amassez rien, ou alors vous » seriez des voleurs ! » Il est plus simple, en effet, de porter ses économies à l'Assommoir, il y a moins de formalités qu'à la Caisse d'Epargne !

Mais le plus comique, c'est que le même journal se met, un peu plus loin, à la disposition des ouvriers inventeurs, pour leur permettre « de ne plus abandonner à leur patron » le bénéfice de leur invention, et pour qu'ils puissent au » contraire exploiter (quel vilain mot dans la bouche d'un » anarchiste !) eux-mêmes leurs idées *et en tirer un bon » profit.* »

Eh bien, qu'en dites-vous ? Voici un ouvrier qui apporte dans son métier, un perfectionnement, une amélioration, d'une certaine valeur ; il *exploite* (à son tour) son idée et *en tire seul le profit.*

Cela nous paraît excessivement juste et rationnel.

Mais si cet ouvrier accorde quelque crédit aux doctrines professées par le journal en question, comment s'y prendra-t-il pour *tirer un bon profit,* alors qu'on lui démontre que la fortune personnelle est un *vol ?* Il vaut évidemment mieux que cet ouvrier intelligent laisse exploiter son idée par d'autres, s'il veut rester honnête homme, et alors, nous n'entendons plus rien aux idées émises par l'organe révolutionnaire.

Il est hors de doute que tous ces journaux ne comprennent rien à tout ce qui touche la classe ouvrière ; et peut-être poursuivent-ils d'autres rêves que ceux qu'ils affichent ?...

Nous souhaitons être lu par des ouvriers, et nous voulons leur montrer la logique de ces fameux apôtres du travail qui n'en connaissent le plus souvent que le nom.

Par l'exemple que nous venons de citer, les ouvriers verront que, décidément, les collectivistes, anarchistes, et tous ceux qui composent la Kyrielle en *iste*, doivent être réunis en un seul faisceau : « *les fumistes !* »

Nous ne prétendons pas que la majorité honnête et laborieuse de la classe ouvrière se laisse prendre dans les filets de ces grotesques pêcheurs en eau trouble.

Nous n'en voulons pour preuve que les quelques exemples qui suivent :

L'année dernière, à l'occasion de la St-Eloi, les ouvriers des Hauts-Fourneaux de Pont-à-Mousson ont offert un bronze à leur directeur.

Un peu plus tard, à l'occasion de la Ste-Barbe, les ouvriers de Bességes ont remis des adresses sympathiques à M. Jouguet, Maire de Bességes, Directeur des Mines et Usines, et une médaille lui a été offerte comme gage de reconnaissance et d'affection. Les ouvriers ont ainsi atténué le tort de quelques-uns d'entre eux qui avaient fait éclater la grève du commencement de l'année dernière.

Plus récemment encore, lorsque M. Augustin Normand, le grand constructeur havrais, qui a continué les traditions laissées par son éminent et regretté père, a reçu la récompense due à son talent, les ouvriers des ateliers et chantiers lui ont offert une croix d'honneur comme témoignage d'affection.

Il y a encore beaucoup d'exemples que l'on pourrait citer.

Non, tous les ouvriers ne sont pas vicieux, mais malheureusement la classe ouvrière est aujourd'hui sur une pente fatale ; flattée, cajolée, mal comprise, inconnue, exploitée, elle ne sait plus ni ce qu'elle veut ni où on la conduit ! Il est temps de réagir.

La grève des ouvriers du meuble a ruiné cette industrie naguère si florissante et qui est allée où ? Demandez-le aux Allemands.

La grève des menuisiers a eu le même résultat ; les navires qui viennent au Havre, de Suède et de Norwège, apportent des quantités effrayantes de portes, fenêtres, etc. toutes prêtes à être posées !

La grève des céramistes de Limoges a failli nous enlever cette belle industrie.

La grève des ouvriers du port de Marseille, si elle se répétait, anéantirait le premier port de France pour aider encore à la prospérité de Gênes.

« Est-ce que Messieurs les Sénateurs, Députés et Con-
» seillers municipaux de Marseille ne peuvent pas traduire
» à leurs électeurs ce que nous lisons dans les journaux
» étrangers et dont voici un échantillon, traduit d'un journal
» que nous avons sous les yeux :

» *Cela est vraiment tragique pour la France, mais il*
» *n'y a vraiment aussi aucune raison pour que Marseille*
» *laisse tomber en poussière, comme c'était le cas jusqu'ici,*
» *tous les autres ports de la Méditerranée.*

» *Les Marseillais et les Français en général devront*
» *désormais s'habituer à reconnaître qu'il y a aussi, à*
» *Gênes et à Trieste, des négociants ayant une certaine*
» *intelligence et un certain crédit, de même que les*
» *Havrais ont déjà dû se faire à la concurrence des ports*
» *d'Amsterdam, d'Anvers et autres.* »

« Sans commentaires, n'est-ce pas ? » (1)

La plupart des drapeaux tricolores qui flottent à nos fenêtres le 14 Juillet nous viennent maintenant d'Allemagne !

Organisons des fêtes « pour faire marcher les affaires », l'Allemagne en profitera ! c'est désolant !

Voilà ce que nous donnent les grèves.

« La grève repose sur une idée radicalement fausse : la » résistance par la non-production. Or, vouloir opposer la » force d'inertie à la puissance du mouvement, n'est-ce pas » méconnaître la loi du progrès ? » (2)

Ah ! nous admirons les ouvriers qui, tout en cherchant à améliorer leur condition, savent rire au nez et à la barbe des énergumènes qui tentent de les entraîner dans une fausse direction, quitte à les abandonner à mi-chemin.

Ici, nous citerons un fait qui est tout à l'honneur des ouvriers de la maison Barbedienne.

Les ouvriers de cette grande maison avaient été mis à l'index, l'année dernière, par une Chambre Syndicale ouvrière, parce qu'ils avaient su concilier leurs intérêts avec ceux des patrons ; les ouvriers ont alors adressé une circulaire à la Chambre Syndicale et lui ont administré une verte correction.

Ce Syndicat avait traité la maison Barbedienne de « *ferme de la rue de Lancry* ».

Voici la réponse des ouvriers :

« Vous avez appelé la maison, *ferme de la rue de Lancry ?* » Nous vous rappelons que *cette ferme vous a longtemps* » *fourni de bon lait*, et pour parler votre langage, plus » pittoresque que choisi, vous voudriez bien « *traire les* » *vaches* » ; mais, chers nourrissons, *si vous voulez encore* » *téter, cherchez d'autres mamelles, celles-là sont taries* » *pour vous !*

» Au mépris du règlement même de votre Société, vous

---

(1) Extrait du *Journal des Métaux*, Paris, 19 Avril 1883. — (M. A. Hubner, Propriétaire).

(2) Aug. Godefroy. — La *Question Ouvrière*, Havre 1883.

» nous foudroyez par l'index, puis, Jupiters de carton, vous » vous apercevez que votre foudre a raté, et alors, vous » parlez d'amnistie !.... Ah ! tenez.... *vous êtes grotesques !..!* »

Cette circulaire a recueilli 129 signatures, et, nous le répétons, elle fait honneur à ses auteurs.

Malheureusement, il n'en est pas toujours ainsi.

Il suffit d'un esprit malveillant dans un atelier pour faire éclater la révolte.

Car, lorsque les ouvriers ont envie de faire une niche au patron, la solidarité est complète, l'intérêt de tous passe avant celui de chacun, entente admirable qui n'a souvent pour cause que le refus d'un seul de se soumettre au règlement de la maison qui l'emploie, ou le dissentiment d'un seul ouvrier avec son patron, soit pour la fixation d'un salaire, soit pour tout autre motif, presque toujours futile ; sur le champ, *tous* les ouvriers trouvent *les* règlements mal établis, *les* salaires trop faibles, et que *les* patrons ont tort.

C'est-à-dire qu'il suffit qu'*un seul* ouvrier soit exigeant, déraisonnable, indiscipliné, mauvais en un mot, pour que *tous les autres* croient qu'ils doivent être comme lui, exigeants, déraisonnables, mauvais !

On dira que l'ouvrier a sa dignité à faire respecter, ses intérêts à sauvegarder. Parfait, mais,.... et le patron ?

N'a-t-il pas lui aussi ses intérêts, sa dignité ?

La justice ne doit-elle pas être la même pour tous ?

Autrefois, les patrons ont eu trop d'arrogance vis-à-vis de leurs ouvriers, ceux-ci ne doivent pas user de représailles. Dans la nuit des temps, l'ouvrier était esclave, doit-il aujourd'hui se faire tyran ?

« S'il est bon de s'occuper des *droits* de l'ouvrier, disait » M. Raynal à la Chambre des Députés, (1) il faut aussi » leur rappeler leurs *devoirs*. »

Et plus grands sont les droits que l'on possède, plus grands sont aussi les devoirs qui s'imposent.

(1) Séance du 19 Mars 1883.

Le malheur est qu'en France, les bons ouvriers se laissent parfois entraîner par les mauvais, ils oublient souvent que « *les parleurs ne sont pas les payeurs.* »

Ils devraient bien s'inspirer des mœurs anglaises.

M. Marcel Barthe a bien défini le rôle des *Trade's Unions* ou Chambres Syndicales ouvrières :

« Les *Trade's Unions* ne provoquent les grèves qu'après » avoir tenté les plus grandes conciliations.

» Les ouvriers calculent le prix de la main-d'œuvre, celui » des matières premières, l'intérêt légitime du capital, la » rémunération due au patron pour son administration et » sa direction, ils font entrer en ligne de compte les *alea* du » commerce, et s'ils trouvent que, ces déductions faites, il » reste encore aux patrons un bénéfice qui paraît excessif, » ils réclament une augmentation de salaire. Les négocia- » tions s'engagent ; elles durent quelquefois longtemps, car » les *Trade's Unions* sont puissamment organisées. Le » plus souvent, une conciliation s'opère. S'il n'y a pas de » conciliation, la grève est déclarée. Mais, comme en défi- » nitive aucune pensée politique n'a présidé ni à la forma- » tion des *Trad'es Unions*, ni à la grève née d'un différend » entre patrons et ouvriers, *le pays n'éprouve aucune* » *inquiétude.* » (1)

« On pourrait ajouter que les *Trade's Unions* sont atten- » tives à toutes les questions qui se débattent entre patrons » et ouvriers, non-seulement en Angleterre, mais dans les » autres pays et viennent souvent en aide aux grévistes » étrangers, *surtout lorsque la continuation du chômage* » *peut être favorable à l'industrie anglaise.* » (1)

En effet, nous avons vu les adulations que prodiguaient les *Trade's Unions* aux ouvriers céramistes lors de la grève de Limoges.

(1) M. Marcel Barthe. — Rapport au Sénat sur le Projet de loi des Syndicats professionnels. — Séance du 12 Juillet 1882.

(1) M. Edouard Simon. — *Bulletin de la Société des Ingénieurs civils.* — Avril 1883.

C'est que le peuple anglais possède au plus haut degré le patriotisme *pratique*.

A tous les échelons de la société britannique, ce patriotisme existe et se manifeste chaque fois qu'il en trouve l'occasion.

M. Ernest Nusse dit, en terminant une très-intéressante étude sur le Contrat d'Apprentissage :

« Cette législation porte au plus haut degré la marque du » caractère de ce peuple fier et pratique qui, sans viser à la » sensibilité philanthropique, veille sur l'enfant, moins » pour lui que pour la société, voit dans ses misères une » erreur coûteuse pour la civilisation plutôt qu'un thème » éloquent d'élégie, sacrifie ses préjugés et ses convictions » d'hier à l'intérêt suprême et séculaire de la prospérité » nationale, et accepte le progrès, moins comme la loi de » l'humanité *que comme l'instrument de la grandeur bri-* » *tannique.* » (1)

De même, quand les ouvriers anglais viennent en aide aux grévistes français c'est moins par camaraderie et générosité que par intérêt national.

Le peuple anglais réalise ainsi ce beau rêve qu'ambitionnait notre regretté Gambetta :

« *Patriote avant tout !* »

Voilà ce que les ouvriers français doivent méditer.

Voilà ce qu'on néglige trop de dire ou d'écrire quand on parle de la classe ouvrière.

Et cela, pourquoi ?

Parce que ceux qui se préoccupent le plus de la classe ouvrière sont généralement ceux qui en causent le moins.

Par contre, une multitude de journalistes, politiciens, etc. de députés, même, s'en donnent à cœur joie avec « l'amélioration du sort des travailleurs. »

Où ont-ils donc connu la classe ouvrière, tous ces beaux discoureurs ?

(1) Bulletin de la *Société de Protection*, — X, page 370 et suivantes.

L'illustre Michelet a justement flétri ceux qui, « quittant » leurs salons pour descendre dans la rue ont ajouté foi à » ce qu'on leur a dit en leur montrant les bagnes, les pri- » sons, les mauvais lieux : Voilà le peuple ! s'est-on écrié !... » Non, dit Michelet, vous ne connaissez pas le » Peuple !... » (1)

Combien de gens croient connaître la classe ouvrière parce qu'ils l'ont étudiée partout où elle n'était pas !

C'est dans l'atelier qu'il faut voir l'ouvrier ! N'est-ce pas au pied du mur que l'on voit le maçon ?

Tous ces politiciens ont probablement, comme l'immortel Alexandre Dumas, « peu de sympathie pour les manufactures » et regardent leurs ustensiles à distance respectueuse. » (2)

Bon nombre de Députés sont dans le même cas ; à ceux-là, nous nous permettrons de faire une proposition :

Aux prochaines vacances (n'en créez pas de nouvelles pour cela !) que chacun de vous qui n'est ni entrepreneur ni fabricant, (et vous êtes nombreux !) que ceux-là aillent passer un mois dans un atelier.

Nous en prenons un pour notre part, et nous connaissons au Havre 50 industriels qui sont disposés à en faire autant.

On vous donnera la table, une bonne chambre, toutes les distractions que vous exigerez, à la condition expresse que vous ne sortiez pas de l'atelier pendant les heures du travail (surtout le lundi).

Et, si vous observez bien, vous aurez plus appris pendant ce mois que durant dix sessions au Parlement.

Notre proposition, toute fantaisiste qu'elle puisse être, n'a rien d'utopique.

Comme Pierre le Grand, qui, après avoir été ouvrier charpentier à Saardam, se plaisait à aller fréquemment aux Forges d'Istria, où il passa un mois, *et apprit le métier de forgeron*, nos Députés pourraient s'initier peu à peu aux

---

(1) *Le Peuple.*

(2) *Le Midi de la France.*

misères de l'industrie, à ses besoins, à ses intérêts, à ses nécessités.

Ceux de nos Députés qui se décideraient à imiter le Czar trouveraient, nous en sommes persuadé, les chefs d'atelier disposés à les payer, tout comme le maître de forges d'Istria paya Pierre 1er, lequel employa, dit-on, son salaire à acheter des souliers qu'il était fier de porter, et il en avait le droit !

Un salaire bien gagné n'a rien que de très-honorable.

Mais le salaire de l'atelier est plus chèrement acquis qu'un jeton de présence dans un Conseil d'Administration d'une Banque véreuse.

M. Thiers, quoique avocat, n'en fut pas moins un homme d'Etat éminent. Mais avec quelle persévérance ne se livrait-il pas à l'étude de toutes les questions économiques, comme il s'intéressait à tout ce qui touchait le travail national.

Un jour, M. François Mazeline, ce grand industriel qui parti des rangs les plus humbles parvint, à force de travail, au plus haut sommet qu'un industriel pût atteindre ; un jour, M. François Mazeline se trouvait à la gare St-Lazare et cherchait un wagon pour y monter. Soudain, une petite voix se fait entendre : « M. Mazeline ! M. Mazeline ! » Le grand industriel se rend à l'appel de son nom, et trouve M. Thiers qui lui offre une place dans son compartiment. Après les compliments d'usage, celui qui devait être le Libérateur du Territoire adresse la parole à M. Mazeline :

« J'ai quelque chose à vous demander, lui dit-il, combien » je suis heureux de vous rencontrer, je vais causer avec » vous, M. Mazeline. »

M. Thiers voulait tout simplement prendre.... *une leçon de mécanique !*

Aussi, l'illustre homme d'Etat pouvait causer de tout devant les hommes les plus compétents, parce qu'il avait soin de consulter, chaque fois qu'il en trouvait l'occasion, ceux qui, par leurs connaissances professionnelles, pouvaient l'éclairer et l'instruire, et avec le tact qui lui était familier, il étudiait tout, il causait de tout, il connaissait tout.

Un autre homme d'Etat, dont le nom demeure à jamais gravé sur la pierre de l'Immortalité, nom que nous ne pouvons prononcer sans émotion, Gambetta, aimait, lui aussi, à s'entretenir avec des industriels, négociants, marchands, commis-voyageurs, etc. Et combien ne lui a-t-on pas reproché ses agapes fraternelles avec les membres de telle ou telle corporation !...

Il est évident que nous ne pouvons exiger que tous les avocats et tous les députés s'appellent Gambetta ou Thiers.

Mais enfin, nous avons voulu démontrer par ces deux exemples que, pour s'occuper des questions d'affaires, il ne suffit pas d'avoir tenu une place honorable dans une Faculté de Médecine ou au Barreau ; pour étudier avec fruit les questions d'affaires, il faut s'entourer des avis *pratiques* des hommes de métier.

Laissons de côté cette digression et résumons-nous en disant que l'on cause beaucoup trop de l'ouvrier, ou plutôt qu'on n'en parle pas assez *sciemment*.

C'est aux ouvriers à bien comprendre leurs véritables intérêts, à négliger d'écouter les conseils funestes dont les accablent des énergumènes ambitieux, véritables charlatans qui ne cherchent qu'à exploiter à leur profit les faiblesses des autres.

Que les ouvriers se pénètrent bien que le patron n'est pas leur ennemi.

Comment serait-il leur ennemi, puisque lui-même est le plus souvent un ouvrier parvenu, et que, par contre, tout ouvrier intelligent et laborieux ne peut avoir pour but que de devenir patron à son tour.

« Doit-il y avoir antagonisme entre patrons et ouvriers ?
» Evidemment non, puisqu'ils ont l'un et l'autre la même
» origine : l'ouvrier laborieux d'aujourd'hui peut être patron
» demain, et les choses sont telles que, si celui-ci ne
» prospère pas, il retombe ouvrier. Dans des situations

» aussi confondues, patrons et ouvriers doivent vivre en » bonne intelligence, car nul ne sait ce que l'avenir lui » réserve. Ils poursuivent, du reste, un but commun, qui » se résume en une sorte d'association pour l'exécution d'un » ouvrage, dont ils retireront l'un et l'autre profit.

» Le patron fournit la matière première et les moyens » d'exécution ; l'ouvrier, sa main d'œuvre.

» Le profit de l'ouvrier, c'est le prix fixé par lui-même » pour son travail, et ici, que le travail soit payé à la journée, » à la mesure, ou à la pièce, peu importe, c'est exactement » la même chose. Le profit du patron se trouve dans le » bénéfice qu'il réalise, dans la vente du produit œuvré au » consommateur. » (1)

Mais, pour que les ouvriers soient bien convaincus que les patrons ne sont pas leurs ennemis et qu'il y a association entre eux, il faut que les patrons fassent preuve de bonne volonté.

Cette bonne volonté, on ne peut la manifester d'une façon plus évidente, plus clairvoyante, plus *palpable*, que *par la participation des ouvriers dans les bénéfices.*

(1) *Les Industries du Bâtiment.* — J. Gauthier.

CHAPITRE II

Participation aux Bénéfices. Institutions de Prévoyance

« La *Participation aux bénéfices*, dit un journal qui se » passionne pour la solution loyale et sincère de toutes » les questions sociales, (1) la participation aux bénéfices, » franchement pratiquée, décuple la force productrice de » l'ouvrier qui se sent intéressé au succès de l'œuvre com- » mune. La participation, la coopération, sont à l'Industrie » ce que la possession de la terre est à la culture.

» L'ouvrier intelligent, instruit, désabusé des vaines » théories, travaille, lorsqu'il est sérieusement intéressé » aux bénéfices, avec cette ardeur passionnée que déploie » le paysan français. »

La maison Leclaire, (aujourd'hui Redouly et Cie, 11, rue St-Georges, à Paris) doit ses succès à la participation, innovée en 1842.

Ce système a donné aux patrons et aux gérants successifs de cette maison, la fortune ou la prospérité, aux ouvriers permanents ou auxiliaires, 18 à 20 0/0 chaque année en sus du salaire normal, et à la Société de Secours Mutuels un avoir de plus de 1.400.000 francs, de telle sorte que cette Société peut servir des pensions de *douze cents francs* aux ouvriers qui ont cinquante ans d'âge et vingt ans de service.

(1) Le *Petit Journal*. — 19 Mars 1883.

L'exemple de la maison Leclaire a été suivi par un grand nombre de patrons et de Sociétés industrielles ou commerciales, parmi lesquels nous citerons :

La Compagnie d'Orléans, l'Imprimerie Nationale, M. Godin, fondateur du *Familistère de Guise* ; MM. Laroche-Joubert, Lacroix, Chaix, Godchaux, fabricants de papier et imprimeurs ; de Vogué, propriétaire de Hauts-Fourneaux; Deberny, fondeur en caractères; Dorgé-Heuzé père et fils, tanneurs à Coulommiers; Fourdinais, ameublement; Goffinon, entrepreneur de Couverture et Plomberie; Piat, fondeur; Octave Fauquet et Cie, filateurs à Oissel; A. Bord, et Pleyel-Wolf, fabricants de pianos ; Mongin, fabricant de scies ; Fabien, constructeur de maisons économiques ; Christofle, Masson, la Cie d'Assurances générales, etc.

La participation existe aussi dans les Magasins du Bon Marché ; il faut cinq ans pour être intéressé. Les 120 employés supérieurs possèdent, chacun en son nom personnel, une part de cinquante mille francs dans le capital de la maison. Une caisse de prévoyance a été instituée, les fonds s'élèvent aujourd'hui à 700 mille francs.

Les Ouvriers employés par la Compagnie du Canal de Suez sont aussi intéressés dans les bénéfices.

« Ce système a donné les meilleurs résultats, disait M. » Ferdinand de Lesseps à la Commission des Associations » ouvrières ; chaque fois que les bandes arabes ont essayé » d'attaquer le canal, les ouvriers de la compagnie ont » apporté la plus grande énergie à la défense de l'œuvre » qu'ils considéraient un peu comme la leur. »

A l'étranger, on trouve aussi de nombreux exemples de participation chez : MM. James Samuelson, à Liverpool ; de Thunen, à Tellow-Teterow (Mecklembourg-Schwérin) ; J. Neuman, propriétaire de terre noble, à Posegnick (Prusse), etc.

Dans certains charbonnages anglais, la participation aux bénéfices est très-bien établie ; il y a deux comptes principaux : le *capital-espèces*, et le *capital-travail*.

Le premier comprend ; le fonds social, les propriétés foncières, les valeurs, le matériel ; le second représente la main-d'œuvre.

Ces deux comptes se partagent les bénéfices dans les mêmes proportions, après le prélèvement d'un prorata versé à un fonds de réserve, commun aux deux comptes capital et travail.

Sur leur part respective, ces deux comptes subissent une retenue spéciale effectée : pour le capital, aux primes d'assurances contre l'incendie, aux intérêts, à l'amortissement du matériel ; et pour le travail, aux primes d'assurances contre les accidents, aux caisses de prévoyance et de retraite.

Une Société s'est fondée à Paris en 1879 (1) « pour faci- » liter l'étude pratique des diverses méthodes de partici- » pation du personnel dans les bénéfices de l'entreprise. »

Cette Société publie, sous forme de Bulletin, les documents relatifs à la participation, elle fait connaître ce qui a été réalisé par quelques-uns et ouvre des horizons nouveaux à cette œuvre si méritoire.

Il est à souhaiter qu'un jour tous les établissements industriels et commerciaux adoptent la participation.

« Il y a là, disait un jour Thrasybule (probablement M. » Charles Sauvestre), il y a là, non seulement une question » de sentiment, *c'est une affaire d'intérêt bien com-* » *pris.* » (2)

C'est aussi ce qu'avait dit l'éminent J. B. Say.

« Il est de l'intérêt des manufacturiers que les ouvriers » soient associés à leurs succès. »

Oui c'est une affaire d'intérêt bien compris, et, de plus, les rapports entre patrons et ouvriers ne peuvent devenir qu'agréables.

M. Michel Chevalier tient pour certain que l'association dans l'atelier, la participation des ouvriers aux bénéfices,

---

(1) 20, Rue Bergère.

(2) *Bulletin de la Société de Participation.* — 4e Année, 3e Livraison.

fera disparaître les luttes sourdes qui existent entre les ouvriers et les patrons, et qui occasionnent tant de petits dégâts mille fois répétés, tant de fausses manœuvres, lorsqu'elles n'éclatent pas par d'effrayants désordres.

Avec la participation, plus rien à craindre.

« Les grèves ? ce mot terrible vous fait sourire, disait M.
» Charles Robert aux ouvriers de la maison Leclaire.

» L'antagonisme ? supprimé.

» Les conflits ? inconnus !

» L'isolement ? remplacé par l'Association. » (1)

Il faut reconnaître, cependant, que dans certaines industries, dans certaines maisons, la participation est actuellement impraticable, par suite de leur organisation ou de leurs conditions d'existence.

Mais on peut obvier à cet inconvénient en créant, soit des *Caisses de Prévoyance* ,soit des *Caisses de Retraites*, soit enfin des *Primes d'encouragement.*

Les Caisses de Prévoyance ont l'avantage de mettre les vieux ouvriers à l'abri de la misère.

Mais, selon nous, ce système n'est pas sans défauts. Le patron s'engage en effet à prélever sur ses bénéfices un prorata qu'il mettra en dépôt pour le compte de ses ouvriers ayant au moins 2, 3, 4 ans de présence. Or, le bénéficiaire ne pourra recueillir sa quote-part que lorsqu'il aura atteint 50 ou 60 ans d'âge, ou quand il aura 20 ans de présence dans la maison.

La participation n'est pas assez évidente, elle n'est pas assez *palpable.*

L'ouvrier, parfois défiant de sa nature, ne sentira pas assez qu'il est intéressé aux bénéfices du patron, il ne s'en rendra pas suffisamment compte, parce qu'il sait qu'il ne touchera son pécule que dans dix, quinze ou vingt ans.

Nous connaissons l'objection qu'on nous fera : l'ouvrier mettrait difficilement sa part de bénéfices à la Caisse

(1) M. Charles Robert, Discours au Banquet de la Société de Prévoyance de la maison Leclaire, 11 Mars 1877.

d'Epargne ; tandis que la Caisse de Prévoyance, lui assure forcément l'avenir.

C'est vrai, mais nous avouons qu'il ne nous paraît pas équitable de toujours prendre l'ouvrier en tutelle et de lui dire : « Tu n'es pas capable d'amasser, j'amasse pour toi. »

Le principe est très-recommandable, le but très-louable, mais, nous le répétons, il faut que l'ouvrier sache bien qu'il participe aux bénéfices.

C'est tellement vrai, que MM. Caillard Frères, Constructeurs-Mécaniciens, au Havre, qui ont créé dans leur important établissement une Caisse de Prévoyance, nous disaient un jour ceci :

« Les ouvriers doivent se faire inscrire eux-mêmes à
» la Caisse de Prévoyance, quand ils ont atteint leur
» deuxième année de présence chez nous. Or, il nous
» est arrivé qu'au début, des ouvriers, qui avaient droit
» à leur inscription, ne la réclamaient pas. Les ayant
» interrogés, ils nous ont répondu : *qu'on n'aimait pas à*
» *s'engager*, »

S'engager à quoi ? A toucher quelque chose.

C'est étonnant, mais c'est exact !

Si les ouvriers *touchaient* chaque année leur part de bénéfices, ils ne douteraient pas de la véracité du règlement et de la réalité des promesses qu'on leur a faites.

Mais sans cela, il faudra attendre qu'il y en ait un qui ait 20 ans de présence pour qu'on le croie !

D'autres maisons, la Compagnie d'Assurances, l'*Abeille*, par exemple, ont décidé que les employés auraient le droit de disposer d'une partie de leurs allocations, soit un quart après 5 ans de service, la moitié après 10 ans, les trois quarts après 15 ans, et la totalité après 20 ans.

Ce système est préférable, à notre avis, et encore est-il qu'il faut attendre cinq ans avant de rien recevoir.

Nous avons adopté dans notre fonderie un système diamétralement opposé à celui-là.

Nos ouvriers comptant au moins un an de présence non

interrompue, ont droit à des *primes d'encouragement, payables en espèces, après la clôture de l'inventaire de fin d'année.*

Nos ouvriers ne peuvent douter qu'ils sont réellement associés à notre prospérité.

Leur participation dans nos bénéfices est évidente et *palpable.*

Nous le reconnaissons cependant, notre manière de procéder pèche par le côté de *prévoyance* qui paraît ne pas exister dans notre méthode.

Nous laissons à *l'ouvrier lui-même* le soin d'économiser pour ses vieux jours.

Pour être libéral, ce système n'en est peut-être pas moins un peu téméraire, car nous savons bien que l'ouvrier, en général, se résigne difficilement à économiser quelques sous ; et ce sont malheureusement ceux qui gagnent le plus qui sont les plus prodigues.

Les exemples de cette insouciance de l'ouvrier à se préparer une vieillesse heureuse et tranquille, sont nombreux.

Nous avons essayé de créer chez nous une Caisse de Secours en cas de maladie et en cas d'accidents ; nous opérions sur le salaire de tout ouvrier, *et avec son consentement*, une retenue de *cinq centimes par jour*, et nous nous engagions, nous, à verser la même somme par chaque ouvrier adhérant à la Caisse.

Cette Caisse a fonctionné *huit jours*, au bout desquels les ouvriers sont venus les uns après les autres, dire qu'ils ne voulaient plus de retenue, n'étant *jamais malades* ; à les entendre, ils étaient tous invulnérables, aucune maladie, aucune infirmité ne pouvait les atteindre.

M. Thévin, caissier de la Société des Forges et Chantiers de la Méditerranée (succursale du Havre), avait rêvé il y a quelques années, la création d'un *Fonds spécial* en faveur des veuves et des orphelins des ouvriers et employés décédés, et des ouvriers et employés malades pendant plus de six mois.

Ce Fonds spécial devait être formé au moyen d'un prélèvement de *cinq centimes par semaine* sur le salaire de chaque ouvrier ou employé, et était destiné à accroître les ressources de la Caisse de Secours Mutuels existant déjà dans l'Etablissement.

Ce Fonds assurait ainsi un supplément de 25 francs par chaque année de présence à l'Usine et par chaque tête d'enfant, le *minimum* étant fixé à 150 francs et le *maximum* à 700 francs ; de telle sorte que la veuve d'un ouvrier comptant dix ans de présence, et ayant 6 enfants, pouvait toucher, *indépendamment de la Caisse de Secours Mutuels*, une somme de *cinq cents francs*.

Et l'honorable promoteur de cette idée philanthropique faisait ressortir qu'une veuve touchant 500 francs de ce fonds spécial, n'eût touché que 282 fr. 35 dans les circonstances normales.

Nous regrettons d'avoir à le dire, M. Thévin n'a pas réussi, et son appel est resté lettre morte.

Si donc il faut décidément constater que l'ouvrier est insouciant de l'avenir des siens et de sa propre vieillesse, on peut, en attendant qu'il comprenne mieux ses intérêts, établir un système mixte.

C'est pourquoi nous nous proposons de régler comme suit nos Primes d'encouragement : La plus forte partie en espèces, et le solde versé à une Caisse quelconque soit celle de l'Etat, ou à une Société particulière, pour exciter nos ouvriers à l'épargne et leur assurer une pension de retraite, pension qui sera d'autant plus forte que le concours de nos ouvriers aura été plus vigilant, plus accentué, plus productif.

A propos des *Caisses de retraite*, M. Lami propose l'institution d'une *tontine* obligatoire « pour tous les jeunes » gens âgés de 16 ans, porteurs d'un livret ou d'un certificat » de capacité ouvrière. Les versements seraient obligatoires » pour tous, jusqu'à la réalisation d'un capital minimum » de 1,000 francs; ce chiffre atteint, les versements seraient

» facultatifs. Les ouvriers devraient opérer sur leur salaire » une retenue de 20 à 25 %, et un minimum de 600 fr. de » pension leur serait assuré après 30 ans.

» Les chefs d'industrie devraient, sous leur responsabilité, » opérer les retenues, qui seraient versées, à la Caisse » d'Epargne. » (1)

L'Etat, par les Lois du 18 Juin 1850, et du 11 Juillet 1868, a créé une Caisse de Retraite pour la vieillesse, et une Caisse d'Assurance en cas d'accidents.

M. Waldeck-Rousseau constatait à la tribune de la Chambre des Députés, en Mars dernier, que sur 869.000 personnes faisant partie des Associations de Secours Mutuels, en 1879, 12.900 seulement avaient fait une assurance en cas de décès.

« Quant à la Caisse d'Assurances en cas d'accidents, » disait le sympathique Ministre de l'Intérieur, je suis fort » empêché de vous donner des résultats et des chiffres, par » une excellente raison : c'est qu'on ne l'a pas mise à même » de fonctionner, alors que, moyennant une prime modique, » on pouvait s'assurer une pension, qui se cumule avec » l'assurance d'une pension de retraite, à partir d'un certain » âge, car vous savez, en effet, que lorsqu'un assuré de la » Caisse des Retraites est frappé d'incapacité de travail » avant la période à laquelle il aurait eu le plein droit de » sa retraite, cette retraite peut être liquidée propor» tionnellement. »

La double institution de la Loi de 1868 n'a donc pas réussi.

Cela se conçoit un peu, l'Etat ne sollicite pas les assurances, comme le font les Compagnies particulières. Et, nous sommes forcé de le constater encore une fois, il faut aller trouver les gens et les contraindre à économiser.

Il est pénible de voir avec quelle insouciance les ouvriers accueillent les idées d'épargne qu'on cherche à leur inculquer.

(1) *De l'apprentissage et d'une Caisse de Retraite.*

Il y a quelques mois, M. A. Hubner, et quelques amis ont essayé de fonder à Paris une Caisse d'Assurances *contre la maladie avec Caisse de Retraites pour les invalides du Travail.*

Cette Société devait avoir pour titre : « le *Bien-être* » ; moyennant une prime mensuelle correspondant aux trois-quarts environ de son gain quotidien, tout travailleur pouvait s'assurer une indemnité journalière en cas de maladie, égale à sa prime mensuelle, et au bout d'un certain nombre d'années, une pension de retraite équivalente, par jour, au tiers de la somme versée.

Cette tentative, comme bien d'autres, n'a malheureusement pas abouti.

Les ouvriers devraient enfin comprendre quel intérêt moral et pécuniaire ils ont à entrer dans ces associations qui, seules, peuvent aider à l'amélioration des classes laborieuses, nous avons nommé les *Sociétés de Secours Mutuels.*

CHAPITRE III

De l'Association.

« L'avenir appartient à « l'Association, » a dit M. Louis Reybaud. (1)

Nous le croyons aussi, parce que « l'Union fait la force, » et c'est pourquoi nous sommes partisan de la participation aux bénéfices, parce qu'elle *associe* l'ouvrier au patron et qu'elle tend à rapprocher les distances qui les séparent et que certaines gens s'efforcent de grandir encore.

Peut-être arrivera-t-on ainsi à une répartition plus égale de la fortune publique.

Le problème de la coopération dans la production et dans la consommation se trouvera ainsi résolu.

Mais cette solution doit certainement être entrevue dans un avenir encore lointain, et pour la rendre aussi proche que possible, et pour la rendre efficace, il faut que rien ne soit précipité, il ne faut rien brusquer : le Progrès suit sa marche à travers les évènements, marche certaine et precise, rien ne peut l'enrayer, mais rien ne peut la précipiter.

Les patrons doivent s'acheminer peu à peu vers la participation de leur personnel dans les bénéfices, les ouvriers doivent avant tout s'instruire et se familiariser avec toutes les questions d'économie sociale.

Hors de là, point de salut !... Les patrons hostiles à toute

(1) *Études sur les Réformateurs contemporains.* — Bruxelles, 1841.

espèce de progrès ne pourront que s'en plaindre, et les ouvriers qui voudraient brusquer les choses, seraient inévitablement condamnés à l'impuissance.

L'heure ne sonnera que lorsque l'Instruction aura conquis tous les travailleurs.

« La marche à suivre est forcément lente : ce progrès,
» énorme en lui-même, ne peut-être que le résultat de longs
» et persévérants efforts.

» Depuis la fin du siècle dernier, le problème s'est montré
» chaque jour plus inquiétant, et l'on a fait jusqu'ici bien
» peu pour sa solution, parce qu'on a manqué de science et
» de patience, parce qu'on a donné l'essor au pur sentiment
» et à l'imagination pour courir après des chimères, pour
» rêver des impossibilités ; et, d'espoirs déçus en réactions,
» nous avons piétiné sur place. » (1)

En 1848, Louis Blanc avait rêvé les *Ateliers nationaux*, en s'inspirant probablement des *Workhouses*.

Malgré notre admiration pour l'éminent historien, nous ne pouvons que constater qu'il ignorait les principes les plus élémentaires du travail industriel, quand il réclamait pour ces ateliers : réglementation par l'Etat, principe électif, égalité des salaires, suppression de la concurrence.

Réglementation d'un atelier par l'Etat ? L'Etat est donc bien compétent en pareille matière ?

Le principe électif est un non sens en matière industrielle, il en est de même de l'égalité des salaires, qui a fait déjà tant de mal à la valeur professionnelle de nos ouvriers.

Peut-on prétendre un seul instant qu'un mauvais ouvrier gagne autant qu'un bon ? Cela ne souffre même pas la discussion, et nous nous demandons toujours comment il se fait que des ouvriers rééditent de temps à autre cette absurdité.

Quant à la suppression de la concurrence, Louis Blanc n'avait pas songé que l'industrie, sans vie, sans activité

---

(1) H. Leneveux. — *Le Travail manuel en France.*

avant 1789, n'avait pris son essor que grâce à la liberté du travail laquelle avait amené la concurrence.

La concurrence est le stimulant du commerce et de l'industrie ; la supprimer, c'est ramener le monopole. Est-ce là ce que voulait Louis Blanc ?

Nous ne le pensons pas.

M. Joffrin, Conseiller municipal de Paris, réclamait récemment la création *d'ateliers municipaux* pour occuper les ouvriers sans emploi.

Quand les ouvriers ne trouvent pas à s'embaucher, c'est qu'il n'y a rien à faire ; que voulez-vous que l'Administration communale entreprenne quand il n'y a rien à entreprendre ? Elle fera exécuter des travaux qu'elle entassera dans des magasins, et après ?

En même temps que Louis Blanc réclamait l'organisation des Ateliers nationaux, de nombreuses associations se formèrent de 1848 à 1849 ; toutes ou presque toutes furent de courte durée.

Vers la fin de l'Empire, le système ayant fait son apparition en Angleterre et en Allemagne, eut un regain chez nous ; puis, vinrent les évènements de 1870-71 et tout fut de nouveau arrêté pour reprendre depuis quelques années à Paris, à Vienne, à Nantes.

Quelques associations sont dans un état de prospérité indiscutable, l'*Imprimerie nouvelle* de Paris, par exemple, dont le capital de 80.000 fr. a été porté à 200.000 et serait certainement plus élevé aujourd'hui si les actions n'étaient pas de cent francs.

Parmi les autres associations ouvrières, nous citerons : la *Société drapière*, de Vienne, la *Société nantaise*, l'Association générale de l'*Ameublement*, l'Association des ouvriers *Peintres*, les Associations des *Sculpteurs*, des *Teinturiers*, des *Jardiniers*, des *Bijoutiers*, des *Cochers*, des *Tailleurs*, etc. de Paris.

Au Havre, une Société coopérative métallurgique est en

voie de formation. Quel sort lui est réservé ? l'avenir nous le dira.

Les avis sont très-partagés sur les Associations ouvrières ; voyons ce qui a été dit pour et contre.

L'un des adversaires les plus déclarés de ces associations a été M. Thiers, qui ne voyait dans ces institutions que l'*anarchie industrielle*.

« M. A. Clément, dans son *Dictionnaire d'Economie* » *politique*, ne croit pas au succès des associations ouvrières, parce que, dit-il, tout homme qui exerce une industrie » comme entrepreneur ou patron doit posséder des connaissances, des talents, des qualités et des aptitudes spéciales ; » il applique ces facultés dans la conduite de son entreprise, » et les bénéfices que lui laisse cette entreprise, ne sont que » des rémunérations en rapport avec l'importance des » qualités, aptitudes, talents et connaissances de l'entrepreneur.

» Or l'entrepreneur ne saurait entrer dans une association qu'autant que les avantages qu'il pourrait en tirer » seraient égaux à ceux qu'il pourrait en obtenir hors de » l'association.

» De plus, l'ouvrier a plus d'intérêt à avoir un salaire » assuré, fixé à l'avance, plutôt que des bénéfices *éventuels* »

Emile de Girardin ne veut pas supprimer le salaire par l'association, « mais le maintenir et l'élever par l'*assurance*, » par la corporation qui abrite l'individu contre toute » exploitation de l'homme par l'homme, tandis que la Société » accumule les difficultés sans résoudre le problème et est » impuissante à prévenir et à réprimer l'abaissement des » salaires. »

M. Joseph Garnier croit que « *certains* hommes, dans » *certaines* conditions, peuvent réunir leurs efforts et former des associations de travail, lesquelles doivent retirer, » outre le salaire courant, une part de bénéfices ; le salaire » a l'inconvénient de ne pas intéresser suffisamment le » travailleur au succès de l'entreprise. »

M. Baudrillart dit que l'Association ouvrière « deviendra » de plus en plus possible à mesure que se répandront la » moralité, l'instruction, la capacité professionnelle, l'intel- » ligence des conditions auxquelles est attaché le succès » des entreprises.

» L'ouvrier travaillant à ses risques et périls sera » autrement stimulé que l'ouvrier salarié. »

M. Baudrillart nous paraît donner la note juste.

M. Ch. Lami, qui a vécu pendant 50 ans avec les ouvriers, dit que « les hommes ne sont pas mûrs pour l'association.

» Il faut beaucoup d'abnégation.

» Ah ! si tous les chefs d'établissement, à l'exemple de » quelques maisons bien inspirées, faisaient participer leurs » ouvriers dans les bénéfices, la question ouvrière, ferait » le plus grand pas qu'il soit permis aujourd'hui. » (1)

M. T. N. Bernard pense que « l'association peut, dans » certains cas, être combinée de manière à faire disparaître » une partie de l'incertitude qui pèse assez souvent sur le » salarié ; mais c'est au prix de la perte de sa liberté, mais » c'est à condition qu'il abandonnera le peu de garanties » que lui donne son engagement temporaire pour courir les » chances aléatoires de gain ou de perte, qui peuvent » résulter des entreprises industrielles ou commerciales » dans lesquelles il devient associé..........

» Nous sommes loin, cependant, de repousser l'association » sous quelque forme qu'elle se produise ; nous savons » combien elle s'harmonise avec toutes les lois économiques, » quand elle se fonde en dehors du monopole et du privilège, » *quand elle se crée en toute liberté*. Elle n'a besoin d'autre » réglementation que celle que nous voudrions voir appli- » quer au travail, au crédit, au capital et à l'intelligence, » une *liberté* limitée seulement par le *droit* de tous ceux » qui resteraient en dehors de ses conditions d'union et » d'action. » (2)

(1) *De l'Apprentissage*, Paris 1876.

(2) N.-T. Bernard, *Les Lois économiques*, Paris 1856.

D'après M. A. Leymarie, l'association « est impossible ;
» l'association du capital et du travail ne garantirait même
» pas le salaire de l'ouvrier ; elle ne supprimerait pas les
» causes de malaise ; favoriserait les mauvais ouvriers et
» découragerait les bons. » (1)

« De toutes les idées émises par les réformateurs
» modernes, dit M. Augustin Rivier, une seule est praticable
» et féconde, c'est l'association. Loin de porter atteinte aux
» principes sociaux, elle établit de nouveaux liens entre les
» hommes, en les appelant à s'aider les uns les autres....
» Mais il ne faut pas oublier qu'une association, pour
» réussir, a besoin du concours de tous ses membres ; pour
» l'obtenir, elle doit être fondée sur l'équité et ne blesser
» les droits ni les intérêts d'aucun d'eux ; enfin elle doit
» laisser à chacun, ce que nous estimons tant de nos jours,
» son indépendance et sa liberté. » (2)

Enfin, M. A. Clément, que nous avons déjà cité, dit que
« ce n'est qu'en raison de leur action sur le progrès intel-
» lectuel et moral des associés, que les associations pourront
» devenir fécondes sous d'autres rapports.

» On attribue à la vertu seule de la forme coopérative,
» les résultats satisfaisants de certaines associations,
» comme les Pioniers de Rochdale, mais on n'attribue pas
» ces succès à ce qui, assurément y a le plus puissamment
» contribué, à l'énergie et à la persévérance exceptionnelle
» des fondateurs. » (3)

On ne saurait nier en effet que l'énergie, le talent, les aptitudes des administrateurs jouent le plus grand rôle dans la prospérité d'une Société coopérative.

Ainsi que le disait M. Ernest Marché, Président de la Société des Ingénieurs civils, à la séance du 6 Avril 1883 :

« Si les Sociétés coopératives n'ont généralement pas
» réussi en France, cet insuccès est dû en grande partie au

(1) A. Leymarie. — *Tout par le Travail*, Paris 1870.
(2) *Entretiens d'un Fabricant avec ses Ouvriers*, Paris, 1858.
(3) *Journal des Economistes*. 1868.

» manque de direction. Elles ont réussi, quand les associés » ont voulu honorer de leur confiance le Conseil d'admi- » nistration qui leur apportait ses lumières et son dévoue- » ment ; elles sont tombées au contraire, lorsqu'il y a eu » jalousie et défiance.

» Ainsi, l'Association des Tapissiers du Faubourg Saint- » Antoine, fondée en 1848, a d'abord prospéré, parce qu'elle » avait à sa tête un contre-maître habile, intelligent et » dévoué ; mais cet homme fut bientôt accusé, malgré » l'activité qu'il déployait dans l'intérêt de la Société, » d'abandonner le métier, de ne plus travailler de ses mains; » il fut destitué et remplacé, et la Société s'écroula rapide- » ment.

» Les Sociétés coopératives pourront réussir en France, » aussi bien qu'en Angleterre, lorsque les intéressés com- » prendront bien qu'il faut à leur tête une direction intelli- » gente et dévouée.

» En Angleterre, les ouvriers ont le sentiment de la » hiérarchie ; ils comprennent que le capital est une force, » que l'intelligence est une force, que l'étude est une force ; » ils s'efforcent de réunir et de condenser tous les éléments, » pour en tirer le meilleur parti.

» Ainsi, les associés des *Pioniers de Rochdale* prèlevent » 1 1/2 ou 2 0/0 sur leurs bénéfices pour se créer une biblio- » thèque et payer des professeurs qui les instruisent ; il y » a là une idée excellente, qui prouve combien les ouvriers » anglais comprennent la nécessité de s'élever au-dessus » du niveau auquel le sort les a placés. » (1)

En effet, l'idée est excellente, les ouvriers français devraient bien la mettre à profit.

Puisque nous parlons des Pioniers de Rochdale, voici quelques renseignements sur les Sociétés coopératives

(1) *Bulletin de la Société des Ingénieurs civils*. 1883. Page 484.

anglaises, renseignements que nous tirons de la très-intéressante étude de M. Edouard Simon, ingénieur. (1)

Les Sociétés coopératives anglaises ne sont point exclusivement ouvrières, ce sont des groupements de petits capitaux formés le plus souvent, à l'origine, pour l'achat des objets de *consommation;* puis, peu à peu, elles prennent part à la création d'établissements de production : moulins à blé, boulangeries, fabriques de chaussures, confection de vêtements, etc.

Il ne faut pas confondre les *Sociétés coopératives* avec les *Trade's Unions*, qui s'occupent exclusivement des rapports entre le capital et le salaire, entre patrons et ouvriers.

Le but de la coopération est plus vaste, et consiste à l'émancipation *progressive* des classes pauvres.

Les coopérateurs anglais, comme les autres socialistes, se proposent de transformer les bases du système actuel de production et d'échange ; des deux côtés, l'instrument est le même, l'*association*.

Mais le coopérateur anglais, dit M. Edouard Simon, ne demande aucune aide à l'Etat « il serait jaloux de toute » tentative d'intervention. L'Etat, détenteur du sol, arbitre » souverain, répartiteur entre tous des richesses acquises, » est pour lui une conception humiliante qu'il abandonne » *aux socialistes du continent,* confondus volontiers par » lui avec les *nihilistes.* Le coopérateur anglais n'envie » pas la propriété d'autrui, il réclame le droit d'acquérir » par lui-même, en substituant l'union à la lutte des inté- » rêts, il veut l'alliance des consommateurs et des produc- » teurs pour éviter les intermédiaires onéreux. Sa devise » est *self help by the people,* qui peut se traduire ainsi :

» Emancipation du peuple *par lui-même.*

» Les principaux obstacles au succès des Associations » ouvrières sont habituellement le manque de confiance » mutuelle, l'inexpérience des affaires, *parfois les inter-*

---

(1) *Bulletin de la Société des Ingénieurs civils* Avril 1883, page 549 et suivantes, et Brochure, au siège de la Société, 10 Cité Rougemont.

» *ventions étrangères sous forme d'assistance pécuniaire.*
» Le dernier écueil est facile à éviter ; la confiance et
» l'expérience s'acquièrent avec le temps, lorsque les
» associés sont fermement dévoués à l'œuvre qu'ils entre-
» prennent. »

Les Pioniers de Rochdale *(Rochdale Society of Equitable Pioneers)*, forment la plus importante association ; fondée en Octobre 1844 avec un capital de *700 francs* et *28 membres*, cette puissante Société comptait en 1877, 9,722 adhérents.

Les Pioniers de Rochdale commencèrent par la consommation, les fondateurs, quelques tisseurs de flanelle, débutèrent par l'épicerie, puis, la boucherie fut adjointe en 1846, en 1847, ce fut la draperie ; et on y ajouta peu à peu: la cordonnerie, en 1852, la meunerie, en 1856 ; une filature de coton fut créée en 1855, puis vinrent les tissages de lainages et cotonnades.

Les Pioniers de Rochdale résistèrent à la crise provoquée dans l'industrie cotonnière par la guerre de sécession.

L'Association compte 16 succursales, à la plupart desquelles sont annexées des salles de lecture.

L'établissement central, outre les magasins d'approvisionnement et de vente, contient une salle de réunion disposée pour recevoir 1.400 personnes ; on y trouve aussi une bibliothèque possédant 12,000 volumes, des lunettes astronomiques, des microscopes, des cartes, des mappemondes, etc.

Tout ouvrier employé à Rochdale, dans le département de la fabrication, est tenu de devenir capitaliste ; soit par une souscription hebdomadaire, soit autrement, il doit posséder 5 parts de la Société qui l'occupe. Ces parts sont de 1 £ chacune, la souscription et le paiement du droit d'entree fixé à 1 schilling sont précédés d'une demande d'admission présentée par deux parrains et soumise au vote de l'Assemblée genérale.

Aucun sociétaire n'a droit de posséder plus de 200 parts (5,000 fr. de capital) ; les versements de la cotisation sont fixés au minimum de 3 pence par semaine ou 3 schillings 3 pence par trimestre, jusqu'à ce que le capital souscrit de 5 £ se trouve constitué.

Un retard de paiement non motivé pour cause de maladie, misère ou manque d'ouvrage, entraîne une amende de 3 pence.

Un capital de 2 £ est immobilisé pour chaque sociétaire.

Parmi les plus grandes et les plus sérieuses associations, M. Simon cite, après les Pioniers de Rochdale, la Société Industrielle de Leeds (*The Leeds industrial cooperative Society*), fondée en 1847, et qui compte aujourd'hui 20,543 membres et un fonds social de près de 5 millions de francs.

La Société coopérative de *Cramlington*, fondée en 1859 a eu bien du mal à réussir, mais elle possède cependant aujourd'hui un capital de près de 14,000 £.

A côté de ces Associations, il y a les *Sociétés de gros*, destinées à fournir aux Sociétés coopératives les matières premières et les denrées au plus bas prix du commerce de gros.

La première Société de gros, *the North of England cooperative wholesale Industrial and Provident Society limited* a été créée en 1863, à Manchester, par M. Greenwood; une autre Société existe en Ecosse depuis 1869.

En 1880, la Société de gros de Manchester donnait un dividende moyen de 1 £ 0 10 pour 100 £, comptait 350.000 membres et avait un capital de 554,000 £; la Société écossaise, comprenant 42.000 membres, possédant un capital de 110,000 £, a donné un dividende moyen de £ 2. 14. 2.

Ces deux Sociétés représentent un certain nombre d'Associations coopératives de production et de consommation, chaque association souscrit un nombre d'actions proportionnel à celui de ses membres, une action pour dix sociétaires; ces parts sont de 5 £, mais il n'est versé que 1 schilling en souscrivant (1 fr. 25), le reste est successivement prélevé sur les dividendes résultant des achats effectués à la Société de gros et sur les intérêts à 5 0/0 des retenues ci-dessus, au fur et à mesure de la capitalisation de ces retenues.

Les parts de la Société écossaise ne sont que de 10 schillings seulement, mais tous les membres des Sociétés affiliées doivent souscrire une action ; 1 schilling est versé au moment de l'admission, les 9 schillings complémentaires sont fournis par l'accumulation des dividendes.

La Société de Manchester possède deux navires à vapeur, le *Pioneer* (500 tonneaux) et le *Cambrian* (450 tonneaux) qui exportent en France les produits des manufactures anglaises et importent, au retour, les denrées nécessaires à l'approvisionnement des magasins de consommation.

Le *Pioneer* fait le service de Garston à Rouen, et le *Cambrian* entre Goole et Calais.

La Société de gros de Manchester a des acheteurs à New-York, à Londres, à Copenhague, etc. pour les thés, cafés, beurres, farines, etc.

Il y a dans la Grande Bretagne 2,500 Sociétés coopératives dont 1,200 comptent 561,000 membres, avec un capital actions et obligations de 175,000,000 de francs !

Voilà des chiffres assez éloquents.

On le voit, les renseignements que nous devons à l'étude de M. Ed. Simon, sont des plus intéressants, et nous engageons vivement ceux de nos lecteurs qui n'auraient pas lu cette étude, à le faire dès maintenant. (1)

De tout cela, nous concluons que l'Association ouvrière n'est pas une chimère, mais la classe ouvrière n'est pas encore préparée à cette modification du travail.

Les conditions essentielles nécessaires à la prospérité des Associations sont : la moralité, l'instruction, la capacité professionnelle des associés.

Il y a encore beaucoup à faire pour arriver à ce résultat.

Les ouvriers sont généralement sans instruction, et leurs

---

(1) Brochure, au Siege de la Societe des Ingénieurs civils, 10 cité Rougemont, Paris. 1 fr. 50.

connaissances professionnelles sont non-seulement très restreintes, mais elles tendent à s'affaiblir chaque jour.

Quant à l'état moral de la classe ouvrière il n'est pas aussi parfait qu'il devrait l'être ; les ouvriers ne doivent pas oublier que, « la pratique rigoureuse du devoir est une » condition indispensable de l'association. » (1)

Ce qui nous frappe dans le système coopératif anglais, c'est que l'association se crée surtout, avant tout, pour la consommation.

Il y a là une idée très pratique, dès lors qu'une Société peut compter sur la clientèle d'un certain nombre d'individus pour tous les objets de leur consommation. elle n'a qu'à acheter pour revendre, c'est élémentaire, il sera toujours temps de fabriquer soi-même.

Le contraire laisse un aléa beaucoup plus grand ; si l'Association veut avant tout *produire*, il faut qu'elle se crée des débouchés, et ce n'est pas le plus facile.

L'Imprimerie Nouvelle est une association de production, mais il y a toujours de l'impression à faire, une imprimerie ouvrière a une clientèle assurée ; il n'en serait pas de même d'une association métallurgique ou d'une filature.

Oui, nous le répétons, l'association, à notre avis, doit débuter par la consommation et non par la production.

L'Association ouvrière n'est pas une utopie, mais quelle que soit la prospérité des Sociétés existantes, nous ne pensons pas que le moment soit encore venu de propager l'idée.

Il faut répandre l'instruction dans les classes laborieuses, perfectionner leur capacité professionnelle, moraliser les travailleurs.

Nous répétons souvent ce mot de moralité, parce que bon nombre d'ouvriers en ont besoin.

M. Manein, Trésorier de l'Association ouvrière des Charpentiers de la Seine, a rapporté devant la Commission des Associations, ces paroles qu'il avait dites aux grévistes :

(1) Lamennais.

« Nous avons un petit capital ; nous l'avez-vous fourni ?
» Si nous le perdons, nous le rendrez-vous ? Nous voulons
» bien vous aider ; mais nous avons entrepris des travaux,
» et si nous ne les faisons pas et qu'on nous intente un
» procès, qu'on nous mette en prison, viendrez-vous prendre
» notre place ? »

Combien de patrons pourraient tenir à leurs ouvriers ce judicieux langage !

Lorsque les ouvriers seront tous laborieux, instruits, dévoués, qu'ils connaîtront parfaitement leur métier. alors, l'Association ne sera plus un rêve pour personne, ce sera une réalite, rien ne s'opposera à sa marche ni à son succès.

Comme le disait si bien l'honorable M. Waldeck-Rousseau :

« Il ne peut exister d'alchimie sociale, on ne peut trans-
» former un etat social par la magie d'une formule. Mais il
» existe une science du mécanisme des relations entre les
» intérêts. Tout progrès est une œuvre d'éducation et
» d'adaptation. La déclamation, l'aigreur et la passion ne
» remplacent pas l'effort patient, la bonne volonté, l'étude.
» Il y a quelque chose de mieux à faire que de dire « Mar-
» chons, courons ! » c'est de se mettre en route et de faire
» un pas » (1)

Mais pour faire un pas, il faut des jambes, il n'y a qu'un endroit où les ouvriers en trouveront : *c'est à l'Ecole.*

L'Ecole n'est-elle pas la base de la Société ?

M. Jules Ferry, à son récent voyage à Rouen, rappelait cette grande parole de Michelet :

« Quelle est la première règle de la politique ? C'est
» l'instruction. — Quelle est la seconde ? C'est l'instruc-
» tion. — Quelle est la troisième ? C'est l'instruction. »

Nous terminerons par ces paroles d'un apôtre de la coopération, M. F. Vigano : « Il faut bien des efforts, bien des
» sacrifices, de la persévérance, *de la vertu* ; sans cela, il
» n'y a pas de vraie émancipation. » (2)

(1) Discours à la Commission des Associations ouvrières. 17 Avril 1883.
(2) *Notice sur la Coopération*, 1866.

CHAPITRE IV

Chambres Syndicales.

« L'humanité tourne impérieusement dans le cercle des » mêmes idées, et elle est bien le mystérieux *cneph* des » Egyptiens, ce serpent enroulé sur lui-même, symbole » implacable d'immobilité, mais si les problèmes sont les » mêmes, les formules sont différentes. » (1)

La Révolution a détruit les Corporations, le. Décrets des 14 et 17 Juin 1791 ont interdit la constitution des Syndicats professionnels, et voici qu'aujourd'hui on réclame à outrance le droit d'association, voici que les Corporations tendent à reparaître sous le nom de *Chambres Syndicales*..

Quelques unes de ces associations datent du second Empire, mais la plupart sont nées d'hier.

Le mouvement corporatif prend depuis quelques années une formidable extension.

Loin de nous en plaindre, nous applaudissons de tout cœur à ce mouvement. Non pas que nous demandions le retour des corporations telles qu'elles étaient avant la Révolution ! Il existe une certaine corrélation entre elles et les Chambres syndicales, mais il y a aussi certaines différences qu'il faut maintenir.

Les Chambres Syndicales sont appelées à jouer un grand rôle dans le pays.

(1) Louis Reybaud. *Etudes sur les Reformateurs contemporains.*

Les Corporations furent jadis très-puissantes, puis les commerçants et les industriels se désintéressèrent peu à peu des affaires publiques ; c'est là le grand vice français par excellence, qui consiste à tout solliciter et tout attendre de l'Etat, c'est ce que Proudhon appelait « la lèpre de l'esprit français. »

Aussi, il ne faut pas s'étonner qu'à chaque instant on propose des lois et des réformes qui, pour paraître très-belles n'en sont pas moins, au fond, très-dangereuses pour l'Industrie.

Les Chambres Syndicales, bien comprises, travaillant avec ardeur et sagesse, ayant une bonne organisation, auront pour but et pour effet de détruire les tendances par trop politiques de la France ; les Chambres Syndicales pourront étudier toutes les questions qui les intéressent et éclairer le Parlement et le Gouvernement.

Nous voudrions voir nos Ministres, Sénateurs, Députés s'adresser aux Syndicats toutes les fois qu'ils ont à élaborer une loi touchant au travail.

Ce serait du temps de gagné et la besogne serait mieux faite.

Les syndicats ont une autre utilité : les tribunaux ont souvent à juger des affaires purement commerciales ou industrielles, quant au fond ; des experts sont nommés...... et il n'est pas rare de voir un architecte chargé de l'expertise d'une explosion de chaudière !... Il est vrai que, dans ce cas, on demande aussi l'avis d'un Ingénieur des Mines, qui n'est appelé à examiner les chaudières que dans deux cas : quand on les éprouve et quand elles éclatent, c'est-à-dire que les Ingénieurs des Mines ne connaissent les chaudières que *quand elles sont neuves* et *quand elles ne valent plus rien !*

Si quelqu'un se plaint que le voisin fait du bruit avec sa machine, c'est encore un architecte que l'on prend pour expert, en lui adjoignant un médecin qui aura à se prononcer sur cette grave question : « Le bruit de la machine donnet-il oui ou non la migraine ? » Dans l'affirmative, l'établissement est déclaré dangereux !

Pourquoi les Tribunaux ne s'adressent-ils pas aux Chambres Syndicales quand ils ont besoin d'être eclairés ?

S'il en était ainsi, les jugements seraient toujours rendus avec impartialité, et nul ne pourrait les discuter.

Car un juge ne saurait prétendre être d'une compétence indiscutable en matière d'industrie, quelles que soient ses connaissances en droit, français ou romain, sa bonne foi sera toujours surprise tant qu'il ne s'en rapportera qu'à lui-même ou qu'il consultera des experts incompétents.

Nous citerons ici l'opinion de M. Al. Compagnon, ancien Juge au Tribunal de Commerce de la Seine, fondateur de la Chambre Syndicale des Tapissiers de Paris : « Voyez ce » qui a lieu aux expositions des Arts et de l'Industrie : l'au» torité, pour être renseignée sur le mérite des exposants, » désigne, dans chaque branche de fabrication, un jury com» posé des hommes les plus considérés et les plus capables ; » elle reconnaît que c'est le seul moyen possible d'appré» ciation.

« Eh bien ! ces fabricants, même ceux qui, dans ces luttes » paisibles du travail, auront été honorés d'une récompense » et reconnus les premiers parmi leurs concurrents, ne » trouveront plus, dans toutes les autres circonstances de » leur carrière commerciale et industrielle, pour apprécia» teurs, que des vérificateurs incapables.

» N'y a-t-il pas, dans ce rapprochement, quelque chose » qui blesse l'équité, et démontre péremptoirement le vice » de ces sortes de règlements et l'insuffisance des experts. » Et puis, les intérêts pécuniaires ne sont pas seuls atteints : » le fabricant est blessé dans sa dignité professionnelle. » Voilà un homme qui a fait des sacrifices pour apprendre » un état, il l'exerce avec probité et intelligence, il jouit » parmi ses collègues d'une réputation justement acquise : » et un jour, lorsque cette probité et cette intelligence » devront être appréciées et reconnues, il sera à la merci

» d'un expert étranger à son industrie, qui pourra lui dénier » son talent et faire suspecter sa loyauté ! » (1)

Il est à désirer que les Tribunaux ne prennent un jour pour experts que des hommes *compétents*.

Du reste, les Syndicats professionnels ont aussi l'avantage de rendre l'intervention des Tribunaux aussi rares que possible.

Les industriels et les commerçants commencent à éprouver le besoin de se passer d'eux ; les Chambres Syndicales sont prises comme arbitres par leurs propres membres, et les décisions qui sont rendues sont de nature à ne froisser personne et coûtent beaucoup moins cher que la plus petite visite au Palais.

« Toutes les fois que le législateur, mû par une nécessité » temporaire ou entraîné par une opinion politique, sup» prime une institution, aussitôt, cette nécessité passée ou » le courant d'opinion dissipé, si l'institution n'est pas » rétablie par le pouvoir et qu'elle soit un besoin social, » elle se fait jour et reparaît en se modifiant, suivant les » conditions et l'époque de sa nouvelle apparition. » (2)

C'est pourquoi les Chambres Syndicales sont en vogue aujourd'hui, elles sont devenues une nécessité, un besoin social.

Elles ont entr'autres, une belle mission à remplir, c'est celle que nous avons développée à propos de l'apprentissage.

C'est aux Chambres Syndicales qu'appartient de diriger, de préparer, de développer l'instruction et l'éducation des apprentis.

De plus, les Syndicats professionnels rendent agréables les rapports entre gens d'une même branche d'industrie ; on s'approche, on s'étudie, on s'apprécie mutuellement, et on se fait un devoir de s'entr'aider.

N'a-t-on pas vu la Chambre Syndicale des *Fabricants de*

(1) Al. Compagnon. *Les Classes laborieuses*, Paris, 1858.
(2) Al. Compagnon, *Les Classes laborieuses.*

sièges, (de Paris), voter la création d'une Caisse de prévoyance pour venir pécuniairement en aide à ceux de ses membres qui pourraient en avoir besoin.

Deux traites (100 fr. en tout) sont tirées par le Président, le Secrétaire et le Trésorier, sur chaque adhérent, ces traites sont acceptées sans date d'échéance et restent entre les mains du Trésorier. S'il survient des besoins, l'échéance et la négociation seront décidées en Assemblée générale ; on verse cinq francs par mois pour l'amortissement de ces cent francs.

La Chambre Syndicale des *Soies*, de Paris, a organisé une souscription pour doter un de ses anciens membres d'une pension.

Voilà de beaux exemples de solidarité. A un autre point de vue, les Chambres Syndicales des Entrepreneurs de *Maçonnerie*, de *Serrurerie*, de *Couverture et Plomberie*, etc., de Paris, ont su tirer parti de leur union professionnelle pour créer des Caisses d'Assurance contre les Accidents qui peuvent survenir aux ouvriers dans les chantiers et ateliers.

Il faut créer des Chambres Syndicales, organiser celles qui existent, se mettre résolûment à l'œuvre, travailler, étudier, faire preuve de vitalité ; pour cela, il ne faut que du bon vouloir et de l'union : « vouloir, c'est pouvoir. »

Les Chambres Syndicales *patronales* et les Chambres *ouvrières* pourront former des Comités *mixtes* (il y en a déjà à Paris) et aider à la suppression de tout antagonisme, on pourra étudier et travailler en commun.

Pour que les Chambres Syndicales prennent la place qui leur est due, il faut qu'elles soient reconnues officiellement par la Nation.

Depuis longtemps, cette question est pendante devant le Parlement ; il est temps d'en finir.

« Les Syndicats professionnels doivent revenir devant la » Chambre des Députés ; les lois de travail qui en sortiront » peuvent être un embarras de plus, si elles sont mal com- » prises et mal faites ; c'est à nous, industriels, à y veiller,

» à faire entendre notre voix. C'est notre droit, puisque » nous serons directement touchés par ces lois ; c'est notre » devoir, et nous devons le remplir, car c'est surtout et » avant tout du travail que dépend le relèvement du » pays. » (1)

Pour donner plus de cohésion aux Chambres Syndicales et plus de force à leurs délibérations, on a organisé des *Syndicats généraux*, soit pour grouper plusieurs Industries, comme le Bâtiment à Paris et à Rouen, soit pour toutes les Chambres d'une même ville, comme l'*Union Nationale* (10, rue de Lancry, à Paris) et le *Comité central* (3, rue de Lutèce, à Paris), le Syndicat général du Havre, celui de Marseille (en formation) etc., et l'*Union des Chambres Syndicales ouvrières*, à Paris.

M. Ducret, Président de la Chambre Syndicale des *Industries diverses*, de Paris, a conçu l'idée d'organiser une Association dans le genre de la *Société pour l'avancement des Sciences*. Cette Association, composée des Délégués des Chambres Syndicales de France, se réunirait en *Congrès* à des époques périodiques, pour étudier toutes les questions intéressant le Commerce et l'Industrie.

L'idée de M. Ducret est excellente et nous faisons des vœux pour qu'elle soit bientôt réalisée.

Nous aurions, de cette façon, la *Fédération des Chambres Syndicales de France*.

Dans certaines parties de l'Allemagne, on a adopté, depuis longtemps, cette organisation syndicale : *Chambre Syndicale* pour chaque industrie, *Syndicat général* pour toute une ville, et l'Union des Syndicats généraux pour la région : *Union provinciale des Métiers*.

La Fédération de tous les travailleurs serait une force qui pourrait facilement arrêter les pouvoirs publics sur une pente dangereuse pour le Commerce et l'Industrie, et les pousser, par contre, à la réalisation des réformes propres à assurer la prospérité du travail national.

(1) J.-B. Gauthier, *Les Industries du Bâtiment*.

Aussi, il est à souhaiter que la Chambre des Députés rétablisse l'article de la loi sur les Syndicats professionnels, article supprimé par le Sénat, et qui permettait aux divers Syndicats de se grouper en Syndicats généraux.

Nos Sénateurs, en supprimant cet article, ont probablement voulu jouer une niche aux ouvriers ; ils n'ont pas compris que le contre-coup allait à l'adresse des patrons !...

Les Syndicats généraux sont très-utiles, dans les ports de mer, notamment, où les petits commerçants et fabricants ne sont pas représentés dans les Chambres de Commerce.

Les Chambres de Commerce ont à traiter les grandes questions maritimes et commerciales.

Il faut nécessairement qu'il y ait à côté d'elles une institution qui se préoccupe des intérêts multiples du petit commerce : voilà l'utilité des Syndicats généraux.

CHAPITRE V

Les Syndicats mixtes

La Chambre Syndicale du Papier, de Paris, a inauguré les Syndicats mixtes ; d'autres Chambres ont suivi cet exemple.

Un projet en ce sens est à l'étude au Havre, pour la Métallurgie.

Nous souhaitons que chaque corporation ait bientôt son Conseil Syndical mixte.

On ne saurait trop le répéter, les questions qui divisent les patrons et les ouvriers ne peuvent se résoudre que par l'entente des deux parties, c'est-à-dire par l'accord des intéressés ; ces questions doivent être étudiées en commun: quand il en sera ainsi, l'antagonisme sera bien près de disparaître, s'il existe encore.

Mais cet accord du patron et de l'ouvrier ne doit pas seulement s'établir entre des individualités, il doit aussi s'affirmer par groupements ; en un mot, les grandes questions du problème du travail doivent être traitées par les Chambres Syndicales réunies.

Voilà le but et le rôle des Syndicats mixtes.

De temps à autre, un député, mû par des sentiments très louables, apporte à la tribune parlementaire une question intéressant le travail ; malheureusement, la plupart des propositions de ce genre pèchent par le côté pratique, leurs auteurs étant le plus souvent incompétents en matière de commerce et d'industrie.

Alors, les Chambres syndicales, patronales et ouvrières, s'émeuvent, s'emparent de la question et envoient au Parlement, des rapports, des pétitions, etc.

Ces pétitions et ces rapports, faits par les patrons et les ouvriers séparément, ont peut-être quelquefois le défaut d'être faits avec trop de partialité.

Si, au contraire, ils avaient été étudiés, préparés et rédigés d'un commun accord, la question traitée resterait sur le véritable terrain, et la résolution prise aurait une autorité qui ne saurait être contestée.

De plus, ce n'est pas en se regardant comme des chiens de faïence que patrons et ouvriers deviendront ce qu'ils devraient être : des amis et des associés.

Non, il faut pour cela que l'on s'approche, que l'on se comprenne et que l'on se connaisse.

C'est seulement ainsi que les malentendus disparaîtront.

L'Industrie, composée d'éléments homogènes pourra alors se livrer à un travail opiniâtre pour orner de franges d'or le drapeau tricolore.

Pour atteindre ce but, il faut qu'on ne discute plus l'union du *capital* et du *travail* ; il ne faut pas dire plus longtemps que ce sont là deux ennemis.

On a comparé le capital et le travail aux deux frères Siamois, à la pomme et au pommier, etc., nous nous permettrons de faire ici un autre rapprochement.

Prenons pour exemple une ruche ; trois caractères d'individus y sont représentés: la femelle, les mâles et les neutres.

La femelle et les mâles n'ont d'autre fonction que celle de la reproduction de l'espèce ; ils sont impropres à tout travail.

Les neutres, par contre, sont les véritables travailleurs de la colonie ; elles sont dépourvues de sexe et leur rôle se borne uniquement au travail.

Une ruche qui n'aurait que la femelle et le mâle serait improductive ; et si elle ne se composait que de neutres, elle serait fatalement condamnée à disparaître.

Revenons maintenant à la grande ruche sociale ; le capital, c'est l'abeille-femelle et l'abeille-mâle ; le travail est figuré par les neutres.

Ne nous battons donc pas, travaillons en commun.

M. Léon Peulevey, député du Havre, nous disait récemment à propos des Syndicats mixtes :

« Cette idée me paraît répondre aux nécessités actuelles » et aux véritables principes de la Démocratie ; ce que » chacun doit vouloir, c'est le développement de toutes les » forces et de toutes les aptitudes, avec la plus grande » somme de bien-être moral et matériel pour quiconque a » conscience de ses devoirs dans l'état de société. Mais, pour » atteindre ce but, il faut, dans la mesure du possible, » éviter les luttes et chercher l'équilibre dans le fonctionnement de ce double rouage qu'on appelle le patronat et » le salariat. Or, si les Syndicats de patrons et les Syndicats d'ouvriers fonctionnent isolément, sans correspondances, sans communications, sans études communes » des phénomènes économiques qui régissent la situation » de chacun, peut-être sera-t-il à craindre que la séparation » ne se fasse plus profonde, et qu'au lieu d'atteindre le but » par la solidarité dans l'effort, on ne s'en éloigne de plus » en plus par une sorte de particularisme haineux et » jaloux. »

Nous n'avons rien à ajouter pour défendre les Syndicats mixtes.

Soyons unis et travaillons !

LIVRE III

TRAVAIL DES ENFANTS

RESPONSABILITÉ EN MATIÈRE D'ACCIDENTS

LIVRE III

TRAVAIL DES ENFANTS

RESPONSABILITÉ EN MATIÈRE D'ACCIDENTS

CHAPITRE Ier

Travail des Enfants

La loi du 19 Mai 1874 a tout d'abord ému l'opinion publique ; les patrons et les familles ont craint que cette loi portât atteinte à leurs droits et nuisît à leurs intérêts ; d'autres disaient que la loi était insuffisante.

Il y a certainement de l'exagération de part et d'autre.

Certains industriels ont blâmé l'intervention de l'Etat en pareille matière.

Nous croyons que l'Etat doit s'abstenir autant que possible d'intervenir dans les rapports entre patrons et ouvriers; nous n'aimons pas qu'il surveille les uns et protège les autres.

Les patrons et les ouvriers sont des citoyens libres qui n'ont besoin d'aucune tutelle ; en dehors du droit commun, l'Etat n'a rien à voir chez eux.

Or, il n'en est pas de même, il ne peut en être de même pour l'enfance qui a droit à la protection de l'Etat, mandataire direct de la Société ; une Société qui ne se préoccuperait pas de l'enfant manquerait au plus sacré de ses devoirs.

L'Etat ne peut s'assurer si notre cordonnier emploie pour nos bottines du chevreau ou du veau, c'est à nous de prendre ou de refuser, mais l'Etat n'y peut rien et n'a rien à y voir: nous ne sommes plus au temps des Jurandes.

L'Etat n'a pas à s'occuper de ce que font nos ouvriers chez nous, il y a des conditions établies entre nous, acceptées et consenties par le patron et l'ouvrier.

Mais l'Etat a le *devoir* de veiller à ce qu'un enfant qui nous est confié ne soit pas astreint à un travail au-dessus de ses forces ; si les parents de l'enfant consentent à cet abus, nous, patron, nous ne devons pas y acquiescer, sous peine d'être également coupable.

Nous regrettons cependant que la Loi de 1874 n'ait pas édicté des peines pour les parents qui livreraient abusivement leurs enfants.

Au surplus, qu'a-t-elle d'exagéré cette Loi de 1874 ?

Elle défend d'employer des enfants avant l'âge de douze ans ; or, tout le monde est à peu près d'accord pour ne prendre d'apprentis qu'à partir de 13 ou 14 ans ; encore est-il que dans certaines industries, on peut employer des enfants dès l'âge de 10 ans.

A propos de cet âge de 12 ans, une difficulté se présente et nous en avons été nous-même embarrassé.

La loi du 19 Mai 1874 autorise l'emploi des enfants à partir de *douze* ans ; or, la loi sur l'Instruction primaire (28 Mars 1882) rend l'instruction obligatoire jusqu'à l'âge de *treize* ans.

Est-ce la loi sur le travail des enfants ou la loi sur l'Instruction primaire qui doit faire autorité ?

Les Ministres du Commerce et de l'Instruction publique préparent en commun une circulaire pour trancher la difficulté.

En attendant que cette circulaire ait paru, l'Administration de l'Instruction publique autorise l'emploi des enfants de 12 ans, à la condition, toutefois, qu'ils soient pourvus du certificat délivré en exécution de la loi du 19 Mai 1874.

La loi de 1874 défend d'assujettir les enfants à partir de 12 ans, à une durée de travail de plus de 12 heures par jour, elle interdit le travail de nuit, sauf pour certaines industries dans lesquelles il est autorisé par le décret du 22 Mai 1875 ; les filles mineures ne peuvent être retenues à l'atelier, cette prohibition est absolue ; le travail du dimanche est interdit, sauf dans les usines à feu continu ; (1) un enfant peut être admis à la pleine liberté du travail quand il justifie d'une instruction suffisante, s'il en est autrement, il doit fréquenter l'école et son travail est réduit à 6 heures par jour ; les mesures nécessaires doivent être prises pour éviter les accidents.

Qu'y a-t-il d'excessif dans ces prescriptions ?

Le travail de nuit et celui du dimanche sont peu rémunérateurs pour les chefs d'industrie, on les évite autant que possible, (2) et, fût-on obligé d'y recourir, si les enfants ne sont pas là, le travail se fera tout aussi bien. Du reste, les travaux sont autorisés dans certaines industries.

La morale explique suffisamment la prohibition des filles mineures pour le travail de nuit.

Les enfants doivent savoir lire, écrire et compter, faut-il s'en plaindre ?

Les patrons doivent prendre les mesures nécessaires pour éviter les accidents : il y va aujourd'hui de leur propre intérêt.

« Les règlements intérieurs des ateliers complètent la loi.

---

(1) Papeteries, Sucreries Verreries, Usines Métallurgiques, Décret du 22 Mai 1875.

(2) A ce sujet il convient de dire que dans les ports de mer, le travail du dimanche est quelquefois inévitable, et il est vraiment curieux de constater que les Anglais qui ne travaillent pas *chez eux*, ce jour là, nous forcent à le faire *chez nous*.

« Les patrons auront tantôt à donner des conseils de » prudence pour la sécurité des personnes, tantôt même à » prescrire des mesures préventives. » (1)

En somme, nous trouvons peu de chose à dire contre cette loi de protection de l'enfance ouvrière ; avec de la bonne volonté de la part des patrons et des Inspecteurs, les intérêts peuvent être conciliés.

« Le législateur, dit le *Manuel pratique* déjà cité, ne » pouvait méconnaître combien les chefs d'industrie et les » patrons en général se montrent plus soucieux aujourd'hui » que par le passé, du sort de l'enfance ouvrière, de l'amé- » lioration de sa conditon, de ses progrès moraux et intel- » lectuels. Les prescriptions légales nouvellement édictées, » portent l'empreinte de ce sentiment ; elles doivent être » envisagées par les industriels avec leur véritable carac- » tère, celui de conseils, d'enseignements, de procédés, » formulés en vue de la protection de l'enfance, bien plutôt » que sous un aspect de rigueur et de coercition. Les règle- » ments particuliers d'un grand nombre d'ateliers, les vœux » des Sociétés industrielles, les avis des Chambres Syndi- » cales, l'entente mutuelle des patrons et des ouvriers, peu- » vent faire autant et plus de bien en faveur des enfants » que la loi elle-même,

» Là seulement, où l'initiative bienveillante et éclairée » des industriels, là où le bon vouloir des patrons ferait » défaut, la Loi devra se montrer, nous ne disons pas » sévère, mais ferme et inflexible dans son application. »

Et, c'est parce que nous avons la conviction profonde que les industriels individuellement, les Chambres Syndicales et les Sociétés Industrielles persévèreront dans la voie où ils sont entrés ou qu'ils entreront résolument dans celle qui leur est tracée, c'est pourquoi nous trouvons la Loi de 1874 quant à présent suffisante.

---

(1) *Manuel pratique pour l'application de la Loi sur le Travail des Enfants* 1785, chez Baudry, 15 Rue des Saints-Peres, Paris.

Mais nous nous demandons pourquoi l'emploi des enfants est *interdit* dans certaines industries, les *Dépôts de chiffons* par exemple, à cause des *poussières*, alors qu'il est toléré dans les *Manufactures des Tabacs.*

Nous voudrions que l'emploi des enfants et des *femmes* fût interdit dans ces établissements ; ce n'est pas parce qu'ils appartiennent à l'Etat que les poussières ont le don de devenir très hygiéniques !

Pourquoi employer des enfants dans les Manufactures des Tabacs ? l'apprentissage n'a pas besoin d'y être encouragé, et si l'emploi du tabac se faisait plus rare par suite du manque de production, l'espèce humaine ne s'en trouverait pas plus mal.

On veut protéger l'enfant, parce que, dit-on avec juste raison, s'il y a lieu de se préoccuper de l'amélioration morale, intellectuelle et physique de l'homme, il faut commencer par l'enfant.

Mais alors, cette protection doit-elle commencer seulement à la naissance de l'enfant ?

Ne faut-il pas aussi se préoccuper de celle qui le porte dans son sein ?

Ne devrait-on pas s'opposer à ce qu'une femme qui sera bientôt mère aspire pendant plusieurs heures par jour les émanations méphitiques du tabac ?

Ne serait-ce pas aussi utile, aussi humain que de s'inquiéter si un apprenti de quinze ou seize ans est hors de danger parce que les murs de l'atelier sont enduits de chaux ?

Nous avons aussi une observation à faire sur les Commissions *locales.*

Pourquoi n'y met-on pas d'industriels ?

Nous ne savons comment elles sont composées ailleurs, mais au Havre, il n'y a pas un seul industriel dans la Commission de surveillance, et quelle que soit l'honorabilité des membres qui la composent, nous ne la comprenons pas ainsi.

En Espagne, l'art 8 de la loi du 24 Juillet 1873 qui règle le travail des enfants, prescrit que la Commission chargée de veiller à l'exécution de la Loi, sera composée de patrons, d'ouvriers, d'instituteurs et de médecins.

Cette composition nous paraît excellente.

Il faut laisser la charrue au laboureur.

CHAPITRE II

De la responsabilité en matière d'accidents

§ I

Encore une question brûlante ! Question à l'ordre du jour, question délicate et complexe !

En 1880, M. Louis Oviève, mécanicien à Darnétal, adressait à la Chambre des Députés une pétition demandant qu'une loi intervienne *pour soumettre tous les établissements industriels, agricoles, et tous les engins m*[illegible] *en général, aux mesures édictées dans les Art. 14 et* [illegible] *la Loi du 19 Mai 1874 sur le travail des enfants employés dans l'industrie.*

Cette pétition, prise en considération par la Chambre des Députés, fut renvoyée au Ministre de l'Agriculture et du Commerce, lequel, par sa circulaire du 5 Avril 1880, a ouvert une enquête auprès des Préfets, en vue de leur demander tous les renseignements sur la question des accidents industriels dans leurs départements, ainsi que de leur avis sur les mesures à prendre pour arriver au but poursuivi par le pétitionnaire.

Le 29 Mai 1880, M. Martin Nadaud, député, déposait à la Chambre, un projet de loi ayant pour objet de réglementer les accidents dont les ouvriers sont victimes dans l'exercice de leur travail, notamment sur les lignes de chemins de fer.

Le principe de ce projet était que : « lorsqu'un ouvrier, » louant son travail à un autre homme, s'est blessé ou tué » à son service, *l'employeur sera de plein droit responsa-* » *ble, à moins qu'il ne prouve que l'accident a été le* » *résultat d'une faute commise par la victime.* »

Ce principe était celui qu'avait posé dans le *Droit* du 20 Mai 1880 M. Vavasseur, avocat à la Cour d'Appel de Paris.

Le 14 Janvier 1882, M. Peulevey, député du Havre, déposait un projet de loi mettant *à la charge de l'Etat*, » tous les accidents graves arrivant dans l'exécution d'un » travail commandé, lorsqu'ils seront le résultat d'un cas » fortuit, de la force majeure, ou même d'une imprévoyance » légère de la victime. »

En Février 1882, M. Félix Faure, député de la 3e circonscription du Havre, déposait deux projets de loi :

Le premier établissant la responsabilité *du chef de toute entreprise* industrielle, commerciale ou agricole, pour tout accident dont l'employé serait victime, *quelle que soit la cause de l'accident.*

Le second créant une *Caisse d'Assurance* contre les risques de la responsabilité en matière d'accidents.

Enfin, M. Henry Maret, député, déposa un projet de loi relatif à la constitution d'un *Jury spécial* pour les accidents du travail.

Les projets Nadaud, Peulevey, Faure et Maret, furent renvoyés à une même Commission qui déposa son rapport en Mai 1882.

Ce rapport concluait à l'addition à l'Art. 1384 du Code Civil, du paragraphe suivant :

» Dans les usines, manufactures, fabriques, chantiers, » mines, carrières, chemins de fer, et en outre, dans les » exploitations de tout genre où il est fait usage d'un » outillage à moteur mécanique, le patron est présumé » responsable des accidents survenus dans le travail, à ses » ouvriers ou préposés. Mais cette présomption cesse,

» lorsque le patron fournit la preuve, ou bien que l'accident
» est arrivé par force majeure ou cas fortuit, qui ne peuvent
» lui être imputés, ou bien que l'accident a eu pour cause
» la propre imprudence de la victime. »

De plus, l'Art. 2 du projet de la Commission « inscrivait
» au nombre des affaires réputées matières sommaires et
» instruites comme telles, qu'énumère l'article 404 du Code
» de procédure, les demandes en indemnités, pour acci-
» dents prévus par l'article premier de la Commission. »

La Chambre des Députés, dans sa séance du 13 Mai 1882, a repoussé les conclusions de sa Commission et lui a renvoyé les divers projets de loi.

Cette Commission a déposé, en Novembre 1882, un nouveau rapport, concluant au rejet des projets Peulevey et Henry Maret, et à l'adoption des deux propositions Félix Faure.

La discussion eut lieu en Mars dernier, et la Chambre a de nouveau renvoyé la question devant la Commission dont le *troisième* rapport a été terminé en Mai dernier.

Ce nouveau rapport, qui n'a pas encore été officiellement déposé, croyons-nous, établit que le chef de toute entreprise industrielle est présumé responsable des accidents survenus dans le travail à ses ouvriers ou préposés. La présomption cesserait, lorsque l'employeur fournirait la preuve que l'accident résulte d'un cas fortuit, de la force majeure ou de la propre imprudence de la victime.

Dans tous les cas, le patron encourt, vis-à-vis des personnes qu'il emploie, une *responsabilité spéciale*, et doit venir en aide à tout ouvrier ou employé victime d'un accident dans l'exécution de son travail.

La question en est là ; quelle solution lui sera donnée ?

Quoiqu'il en soit, examinons cette question si délicate, qui ouvre, suivant l'heureuse expression de M. Peulevey, « un vaste champ d'études. »

§ II

Avant de discuter les différents projets de loi que nous venons d'énumérer, examinons cette question des Accidents du travail.

A mesure que l'Industrie avance, le travail se modifie par des transformations incessantes de l'outillage.

La machine prend chaque jour plus de place dans l'atelier; chaque jour, le progrès se manifeste par cet axiome : il faut produire *vite*, *beaucoup* et *à bon marché*.

Mais toutes ces modifications qu'a subies l'outillage industriel, ont eu pour résultat de rendre les accidents plus fréquents et plus graves,

Et, ainsi que nous l'avons déjà dit quelque part, au fur et à mesure que l'homme se rend maître des secrets de la force mécanique, la machine devient plus redoutable et plus dangereuse pour lui.

Déjà en 1860, le Gouvernement s'était ému des accidents se produisant dans les établissements industriels, et le 30 Juin, le Ministre du Commerce d'alors adressait une Circulaire aux Préfets pour leur indiquer les moyens, qui, d'après l'avis du Conseil d'Etat, paraissaient les plus propres à *prévenir* les accidents.

La Circulaire du 30 Juin 1860 n'eut guère de résultat positif.

Mais, le 30 Juin 1867, M. Engel-Dollfus fondait à Mulhouse une *Association pour prévenir les Accidents de fabrique*, comme il en existe en Allemagne, en Angleterre, en Belgique et en Suisse.

Au moyen d'études, d'inspections, de récompenses, cette Association s'est donné pour but d'encourager les progrès à réaliser dans les *appareils protecteurs* ; des enquêtes sont faites sur les accidents pour en connaître les causes et en prévenir le retour.

L'Association de Mulhouse, qui surveillait en 1867 environ 400.000 broches, en a aujourd'hui plus de 900.000.

« Après une réduction sensible dans le chiffre des acci-
» dents pendant les cinq premières années de l'existence de
» l'Association, de 1867 à 1872, ce chiffre s'est encore réduit
» de 1872 à 1877 à 21 1/2 0/0 de ce qu'il était au cours de
» la première période quinquennale. » (1)

Ces chiffres se passent de commentaires, et si le but de l'Association alsacienne n'est pas atteint, son œuvre est du moins en excellente voie de progrès, puisque *les Compagnies d'Assurances diminuent leurs tarifs vis-à-vis des maisons affiliées.*

La seconde association de ce genre a été créée à Paris, peu de temps après l'apparition de celle de Mulhouse.

Une troisième, due à l'initiative de M. de Coëne, a été fondée à Rouen, le 1er Mai 1880, sous le patronage de la *Société Industrielle de Rouen*, et avec le concours de M. Poan de Sapincourt, aujourd'hui Inspecteur de l'Association.

La Société normande marche sur les traces de sa sœur d'Alsace.

Enfin, une quatrième Association est en formation à St-Quentin, grâce à la *Société Industrielle de St-Quentin et de l'Aisne.*

Ces Associations rendent donc de grands services, et il est à désirer que l'exemple de Mulhouse soit bientôt suivi dans tous les centres industriels.

Il en est temps, du reste, car les accidents en France, se traduisent par des chiffres d'une éloquence terrible.

« Ainsi, en Angleterre, pendant une période de dix ans,
» alors que le nombre des machines augmentait de 38 0/0,
» le nombre des accidents n'augmentait que de 6 0/0. » (2)

Les statistiques manquent généralement sur cette matière; cependant, voici quelques chiffres tirés du Rapport de M. de Sapincourt :

---

(1) *La Liberté des Mesures contre les accidents.* G. Salomon.
(2) Rapport de M. Poan de Sapincourt, 1880.

	France	Angleterre
	—	—
Morts	16.76 %	6 %
Amputations	18.33 %	14 %
Autres	65 %	80 %

Les Associations pour prévenir les accidents, si elles se généralisaient, feraient certainement diminuer le nombre des accidents graves

Si prévenir les accidents est quelque chose, ce n'est pas tout, il faut réparer le dommage causé par ceux qui se produisent.

Or, nous n'avons en France aucune législation spéciale régissant la matière.

Les Art. 1382 et 1383 du Code Civil font seuls force de Loi. (1)

Ces deux articles donnent aux tribunaux une latitude excessive ; ajoutons à cela que les membres de ces Tribunaux n'entendent rien ou très-peu de chose à ces matières spéciales, et on comprendra qu'un ouvrier qui recevra 2,000 fr. à Lille en aurait 4,000 à Rouen et 10.000 au Havre.

De plus, les Tribunaux accordent des indemnités sans s'assurer qu'elles sont réellement exigibles.

Le Havre est particulièrement favorisé par les douceurs du Tribunal.

Voici quelques exemples édifiants :

1° Un ouvrier blessé en état d'ivresse.....................	50.000 F.
2° Un ouvrier ayant perdu un œil par sa faute................	800 » d'indemnité et 300 » de rente
3° Un ouvrier brûlé à la jambe aucune infirmité (attestation d'un médecin).....................	1.500 » d'indemnité 800 » de rente

---

(1) Art. 1382. Tout fait quelconque de l'homme, qui cause à autrui un dommage, oblige celui par la faute duquel il est arrivé à le reparer.

Art. 1383. Chacun est responsable du dommage qu'il a causé, non-seulement par son fait, mais encore par sa négligence ou par son imprudence.

4° Un ouvrier................	20.000 »	
5° Un ouvrier, main écrasée, imprudence reconnue...........	20.000 »	
6° Un ouvrier, talon brisé....	1.000 »	de rente
7° Accident arrivé à un tiers, sans gravité..................	10.000 »	patron ruiné entreprise liquidée
8° Accident arrivé à un tiers, sans gravité..................	800 f. de rente	patron ruiné entreprise liquidée
9° Embarcation coulée par un remorqueur, l'embarcation n'ayant pas ses feux règlementaires.....	Indemnités s'élevant à 60.000 f., *c'est-à-dire la valeur du remorqueur*	

Ces chiffres disent plus que des paroles

Et, puisque des projets d'associations ouvrières sont en préparation au Havre, nous engageons fortément leurs auteurs à ne rien faire avant qu'une loi spéciale soit votée, car en l'état actuel, les associations ouvrières risqueraient fort de s'écrouler très vite ; à moins que cependant, comme on nous l'a assuré, ces associations se proposent de décréter que tout ouvrier blessé *par sa propre imprudence* n'aurait droit à aucun secours.

Si le fait est exact, nous le renvoyons à la méditation de Messieurs les Députés.

Ainsi, aujourd'hui, il suffit qu'un ouvrier soit blessé pour qu'il vive de ses rentes, que son patron soit ruiné, après avoir su, par son travail et son intelligence, d'ouvrier devenir patron et amasser quelque aisance pour lui et les siens.

Pour peu que cela continue, il faudra être riche comme Crésus pour oser monter une entreprise industrielle.

Ainsi, aujourd'hui, votre charretier renverse un homme dans la rue, lui fait une égratignure à la joue ; vous faites reconduire le blessé chez lui, vous payez le médecin et le pharmacien, ce qui fait déjà un beau chiffre, et quand vous avez fait tout ce qu'il vous était humainement possible de faire, quand vous vous figurez que le blessé, guéri, rétabli, va venir vous remercier, vous recevez une citation à paraître devant le tribunal. — Nouvelle note d'apothicaire !

Nous nous demandons ce qu'il adviendrait si le charretier écrasait son patron au lieu de blesser un passant ? — Renvoyé à la Commission parlementaire.

On dit qu'il est urgent d'établir une législation pour la réglementation de la responsabilité et que toute la Société y est intéressée, parce qu'aujourd'hui, les accidents créent des charges à la Société en peuplant les hôpitaux et les bureaux de bienfaisance.

C'est une erreur, quand un ouvrier est blessé, ce n'est pas à l'Hôpital qu'il demande de l'argent, c'est au patron ; c'est le patron ou l'assurance qui paie, et quand il y a assurance, l'Hôpital s'empresse de faire main-basse sur les secours fournis au blessé : moralité très-douteuse, pour une institution dite de bienfaisance.

Les Compagnies d'assurances, en présence des indemnités exorbitantes qu'on les oblige à payer, cherchent à sauvegarder leurs intérêts et se livrent à un véritable marchandage de chair humaine.

Qu'un ouvrier soit tué, l'assureur va trouver la veuve et s'efforce *d'arranger l'affaire* à l'aide de l'éclat de quelques pièces d'or étalées sur la table.

C'est immoral ! Oui, c'est immoral, mais c'est logique, puisque les Tribunaux frappent les yeux fermés.

Les Compagnies d'assurances sont des *entreprises commerciales*, il est bien naturel qu'elles défendent leurs intérêts, qui sont ceux de leurs actionnaires, c'est-à-dire qui peuvent être ceux de tous, des ouvriers même.

Mais ce qui n'est pas naturel du tout, c'est que des hommes d'affaires profitent du malheur d'autrui ; quand un ouvrier est victime d'un accident, les corbeaux arrivent en masse, il faut faire un procès au patron. Le vautour fait croire à l'ouvrier qu'il défend ses intérêts, alors qu'en réalité il n'a qu'un but : *palper des honoraires.*

Voilà ce qu'il faut flétrir !...

Il en résulte qu'une femme, à laquelle un accident aura enlevé son mari, recevra *mille* francs parce qu'elle transigera avec l'assurance ; et que, par contre, un ouvrier blessé, sans infirmité, se fera sept ou huit cents francs de *rente viagère*, parce qu'il se sera livré à un homme d'affaires qui lui aura persuadé qu'il fallait faire une niche à cet être infâme qui s'appelle : *le patron !*

L'homme d'affaires y aura peut-être gagné quelques billets de banque et plusieurs milliers de voix aux futures élections, mais la morale, la justice, l'équité, y auront certainement perdu.

C'est pourquoi, sans aller chercher midi à quatorze heures, nous sommes d'avis, nous aussi, qu'il y a quelque chose à faire en cette matière.

§ III

Cette question des Accidents du Travail, qui passionne en ce moment les esprits, a donné lieu à trois courants d'opinion, les avis sont donc partagés en trois camps ;

1° Les partisans du *statu quo* ;
2° » de la *surveillance* des ateliers ;
3° » de la *responsabilité* nettement définie.

Examinons successivement ces trois systèmes.

A. — Maintien du statu quo

Tous les industriels, commerçants, entrepreneurs, etc., tous ceux qui aiment la justice et l'équité repoussent le principe de la responsabilité *absolue* du patron, *quelle que soit la cause de l'accident*, (principe Félix Faure).

Mais ce n'est pas sans surprise que nous avons vu des patrons réclamer le maintien du *statu quo.*

Ils n'exercent certainement pas leur industrie dans notre belle ville du Havre.

La *Chambre de Commerce de Paris*, sans sa séance du 2 Mai dernier, s'est prononcée pour le *statu quo.*

La *Chambre Syndicale des Entrepreneurs de Maçon-*

nerie de Paris, dans son rapport du 10 Mai dernier, le réclame aussi, en tant que législation, c'est-à-dire qu'elle reconnaît que la situation actuelle est vicieuse en ce sens que la recherche de la vérité est trop ambigue, trop longue et trop coûteuse, et elle demande qu'on accélère les instances.

Elle réclame aussi l'institution de *Caisses de Retraites*, seul remède à l'état déplorable de la question des accidents.

La Chambre Syndicale des Entrepreneurs de Maçonnerie, comme toutes celles du Bâtiment de Paris, a institué, au sein même de la Chambre, une Caisse de secours, destinée « à assurer à l'ouvrier blessé, non seulement le salaire qui » allait lui manquer, mais aussi les soins du médecin et le » remboursement des médicaments. »

Du 1er Avril 1881 au 31 Décembre 1882, c'est-à-dire en 21 mois, il y a eu 1430 sinistres sur lesquels *huit* seulement, par l'exagération de la demande, ont donné lieu à des instances judiciaires.

La Chambre des Entrepreneurs de Maçonnerie peut se flatter de ce résultat.

En réclamant une plus grande célérité dans le règlement des sinistres et la création d'une Caisse de Retraites, la Chambre des Entrepreneurs est évidemment animée des meilleurs sentiments.

Du reste, tout le monde est à peu près d'accord sur ce point.

Mais quant à dire que la législation actuelle est suffisante, c'est-à-dire que les articles 1382 et 1383 du Code civil sont suffisants, nous ne le pensons pas.

Si les Entrepreneurs de Maçonnerie avaient été frappés comme plusieurs industriels du Havre. ils verraient qu'il y a urgence à réclamer une législation *spéciale*.

De plus, en se plaçant au point de vue purement *social*, on ne peut tolérer plus longtemps que les accidents soient soumis à ces deux articles du code.

« A qui doit incomber la responsabilité des accidents ?
» demandent les Entrepreneurs de Paris.

» La vraie réponse paraît être :

« A celui par la faute ou la négligence de qui cet accident
» est arrivé.

» La logique veut donc qu'il soit recherché :

» 1° S'il y a eu faute ou négligence ;

» 2° A qui cette faute ou cette négligence est imputable. »

Tout cela est bien, c'est pourquoi nous combattrons tout à l'heure le principe de la responsabilité *obligatoire* du patron, réclamée par M. F. Faure.

Mais les accidents ne résultent pas toujours d'une *faute* ou d'une *négligence*, il y a aussi la *force majeure*, le *cas fortuit*.

Or, si l'accident n'a d'autre cause que la *force majeure* ; qui doit être responsable ?

En suivant le raisonnement de la Chambre des Entrepreneurs, la réponse serait : « Personne. »

Alors, qu'arrivera-t-il ?

Un ouvrier est blessé, il n'y a de la faute de personne, *personne ne lui doit secours et réparation* ; voilà une charge pour la Société.

L'ouvrier ira à l'Hôpital, la Société paiera.

Il faudra toujours payer !

Non seulement il faudra payer, mais il y a encore là une question d'humanité : on ne peut admettre qu'un ouvrier victime d'un accident *fortuit* dans l'exercice de son travail, en soit réduit à aller, lui ou les siens, quelquefois tous, mourir à l'Hôpital ou dans tout autre établissement de charité !

Autrefois, Rome envoyait les esclaves malades dans l'Ile du Tibre, auprès du temple d'Esculape ; qu'il mourût ou qu'il guérît, c'était l'affaire du Dieu.

Et en plein XIXe siècle, à l'aube du XXe, nous enverrions mourir à l'Hôpital, des hommes, des travailleurs, frappés par la *fatalité*, le *hasard* la *force majeure*, peu importe comment on l'appellera !...

Non, c'est impossible !

Ah ! la question est délicate, nous le savons bien !

Quand la Chambre Syndicale à laquelle nous appartenons nous a fait l'honneur de nous nommer rapporteur, quand nous avons dû étudier cette question des accidents, nous nous souvenons des difficultés qui se sont présentées à notre esprit.

On nous disait : « Il nous faut la Loi anglaise. » En effet, la Loi anglaise a du bon, nous-même nous étions de cet avis là, il nous fallait la Loi anglaise ; mais quand nous avons examiné, pesé les faits, nous nous sommes heurté à cette question : et la force majeure ? qu'en fait-on ? qu'en fera-t-on ? qu'en doit-on faire ?

Les partisans du *statu quo* ne font rien dans ce cas ; or, à notre avis, c'est le plus intéressant.

Quand il y a faute ou négligence de celui-ci ou de celui-là, qu'il soit patron ou ouvrier, la question est facile à résoudre. Mais quand il n'y a que la *fatalité* ou le *hasard* comme coupable, les victimes n'en sont-elles pas plus malheureuses, plus dignes d'intérêt ? et ne doit-on *rien* faire pour elles ?

Nous repoussons donc le *statu quo*, nous le repoussons de toutes nos forces, parce que nous croyons qu'il y a quelque chose à faire en cette matière, et nous ne pensons pas que le système actuel puissse être maintenu plus longtemps.

Dans sa séance du 26 Avril dernier, le *Comité central* de Paris a adopté un rapport identique à celui de la Chambre des Entrepreneurs de Maçonnerie.

La Chambre Syndicale des Mécaniciens, Chaudronniers et Fondeurs, de Paris, dans son rapport du 3 Avril dernier, conclut à peu près comme le Syndicat de la Maçonnerie.

La Chambre des Mécaniciens repousse la loi Nadaud-Faure, la responsabilité et l'assurance obligatoires, elle réclame un tribunal spécial, agissant avec la plus grande promptitude.

Nous reparlerons plus loin de ce tribunal spécial.

En un mot, la Chambre des Mécaniciens, comme celle de la Maçonnerie, conclut que « l'expédition rapide des actions judiciaires » est la solution à envisager.

Nous savons que la Chambre des Mécaniciens de Paris étudie toujours cette question des accidents, et nous sommes persuadé qu'elle reconnaîtra qu'il y a d'autres réformes à réclamer en pareille matière.

B. — Surveillance des Ateliers

Parmi ceux qui croient qu'il y a quelque chose à faire, il en est qui présentent la *surveillance légale* des ateliers, comme cela se fait pour les enfants ; ceux-là se rallient à la pétition de M. Ovièvе, point de départ de la question.

En vérité, pourquoi toujours aller chercher des *surveillants ?* On ne se contente pas d'appeler l'Etat, on en fait un sergent de ville ; l'Etat est partout, et partout il est inspecteur, contrôleur, etc.

La moitié des Français, dit-on, passe son temps à surveiller l'autre ; si nous continuons, nous aurons dix hommes pour en surveiller un seul !

Certes, il est très louable de chercher à *prévenir* les accidents ; mais cela ne suffit pas.

Les associations pour prévenir les accidents de fabriques ont rendu de grands services, nous l'avons dit, et sont appelés à en rendre encore.

Est-ce suffisant ?

Dans son rapport à la *Société industrielle de Rouen*, M. Poan de Sapincourt, demande « que la déclaration de » tout accident entraînant au moins deux jours de chômage » pour la victime, soit obligatoire, et soit suivie d'une » enquête pour en déterminer les causes ; que la procédure » actuelle soit simplifiée ; que l'on encourage la création

» d'associations semblables à celle de Mulhouse et de » Rouen. »

Nous nous rallions à ces vœux, mais nous ne partageons pas l'avis de M. de Sapincourt, quand il demande « que le » choix des Chambres tombe sur un projet de *surveillance* » analogue à celle des enfants employés dans les manufac- » tures, et écarte toute loi de responsabilité, tendant à » renverser les principes de droit commun. »

Nous ne critiquons pas le droit commun, mais la surveillance empêchera-t-elle les accidents de se produire, si rares qu'ils puissent être ?

Supprimera-t-elle les accidents n'ayant d'autre cause que la *force majeure ?*

Ce serait une vertu que nous ne soupçonnons pas aux Inspecteurs de l'Etat, que leurs galons soient en or ou en argent.

M. Ernest Nusse, avocat à la Cour d'appel de Paris, Secrétaire de la Société de Protection des Apprentis, dans son rapport du 14 Mars 1881 et dans son discours du 3 Novembre suivant ; (1) M. Nusse conclut :

» 1° A ce que la faute ne soit pas présumée contre le » patron, mais appréciée en matière d'accidents de fabrique, » conformément aux principes de l'Art. 1382. Code civil.

» 2° A ce que la loi autorise l'administration à faire des » règlements indiquant dans chaque ordre de fabrication, » les mesures de précaution à prendre sous une sanction » pénale, dans l'intérêt de la sécurité et de la salubrité du » travail des ouvriers, même adultes, et contraigne les » industriels, au cas d'accident, à en faire la déclaration » dans un bref délai à l'autorité publique. »

Nous croyons aussi qu'il serait bon d'exiger la *déclaration* de tout accident, et par là, on pourrait ainsi en connaître la *cause* et s'il y avait faute ou négligence de la part du patron ou de l'ouvrier, la preuve se trouverait aisément faite.

(1) Voir *Bulletin de la Société de Protection* — XIV. p. 32 et suivantes et page 311 et suivantes.

« Pour nous, dit M. Nusse, nous ne comprendrons jamais » qu'un patron, reconnu par un tribunal correctionnel, » innocent de toute négligence, soit condamné civilement » à payer une indemnité, comme coupable..... d'avoir un » capital qu'il emploie à faire travailler des ouvriers. »

Nous sommes de l'avis de l'honorable M. Nusse; mais, avec la surveillance légale, qu'arrivera-t-il quand l'enquête aura démontré que le patron n'est coupable d'aucune négligence, et que les règlements administratifs ont été fidèlement observés?

Que deviendront les victimes?

Quels secours leur seront accordés, et par qui le seront-ils?

Et nous nous étonnons que M. Poan de Sapincourt, dont nous avons déjà cité l'opinion, et qui dit:

« Qu'il est difficile d'admettre que l'*Etat-Justice* con- » damne un citoyen à qui l'*Etat-Inspecteur* vient de décla- » rer que ses ateliers sont en règle, sans compter que ce » serait faire par l'Etat la constatation officielle de son » impuissance à prévoir, ou de l'impuissance de ses agents. » La séparation des fonctions dans l'Etat ne peut, en bonne » foi, indiquer la séparation des manières de voir. »

Eh bien! nous nous étonnons que M. de Sapincourt conclue en demandant « que le choix des Chambres tombe sur » un projet de *surveillance* analogue à celle des enfants. »

Cependant, M. Ernest Nusse n'a pas perdu de vue ce qui résulterait des accidents causés par la force majeure.

« Que deviendront dans notre théorie, dit l'éminent Secré- » taire de la Société de Protection, les victimes du cas » fortuit ou de leur propre imprudence? Dieu nous garde » de les oublier! qu'on leur alloue au nom de la Nation un » principe d'indemnité qui rende leurs maux moins intolé- » rables, si les familles ou les associations privées n'y ont » déjà pourvu: nous applaudirons de grand cœur, car, pour » nous, la Justice a l'Assistance publique comme correctrice » de ses rigueurs logiques. »

M. Nusse sait donc bien que la *surveillance légale* des ateliers ne donnerait aucun secours à l'ouvrier victime du cas fortuit, et il compte sur l'Assistance publique.

Or ne veut-on pas précisément trouver un moyen de ne pas laisser l'ouvrier blessé à la merci de l'assistance publique ?

Ah ! la charité privée fait bien son devoir ! On a vu récemment des *ouvriers* travailler toute la journée du lundi, contrairement à leur habitude, pour abandonner le produit de cette journée en faveur des victimes de la catastrophe de Marnaval.

Lors de l'horrible catastrophe du 26 Mars 1882, la Chambre de Commerce du Havre a ouvert une souscription en faveur des familles des malheureux lamaneurs victimes de leur héroïque dévouement ; la souscription a dépassé toutes les espérances. Tant mieux pour les veuves et pour les orphelins !

Mais ce n'est pas une solution *sociale* que de laisser les victimes du travail faire appel aux souscriptions publiques.

Dans les cas d'accidents et surtout pour ceux produits par la *force majeure* et les cas *fortuits*, il faut que les secours soient *prompts*, *immédiats*, et *sagement répartis*, il n'est pas nécessaire qu'une femme qui aura perdu son mari, recueille *une fortune* alors que le malheureux gagnait trois ou quatre francs par jour !

L'argent pourrait servir pour soulager d'autres infortunes, et il ne faut pas qu'un malheur puisse se changer en une bonne affaire, *parce que la souscription aura marché !..*

Non, nous ne croyons décidément pas que la surveillance administrative soit une solution.

Et nous ne voyons pas ce que l'Industrie gagnerait à être mise en tutelle.

Nous acceptons la protection de l'enfant : c'est un devoir ; mais nous repoussons la protection de l'adulte, parce que c'est un excès de zèle !

Les excès de zèle mènent toujours aux abus !

M. Nusse déclare qu'à Paris, à Berlin, à Londres, c'est un fait universellement démontré que « par habitude du » danger, insouciance ou gloriole d'atelier, l'*ouvrier*, con- » fiant dans son adresse à manier des machines ou pièces » dangereuses, voit dans les mesures de précaution une » tutelle superflue ou gênante ; les règlements protecteurs » acceptés du patron sont en général critiqués et dédaignés » de l'ouvrier. Faut-il donc punir le patron des insoumissions » de l'ouvrier vis-à-vis des statuts de la loi ? »

Et M. Nusse conclut en réclamant des règlements d'Administration publique avec sanction pénale.

Les ouvriers seront-ils plus soumis à ces règlements qu'à ceux qui leur sont imposés par le patron ?

Qu'il nous soit permis d'en douter.

Et alors, pourquoi punir le patron dans ce cas plutôt que dans l'autre ?

C. — Responsabilité

Projet Peulevey. — Au contraire des partisans du *statu quo* et de la surveillance légale, ce qui frappe tout d'abord l'honorable M. Peulevey, ce sont les accidents de la force majeure et du cas fortuit.

« A notre avis, dit le Député du Havre, dans son exposé » des motifs, ce qu'il y a de défectueux dans la législation » actuelle, ce n'est ni le principe de la responsabilité, ni » l'obligation de faire la preuve, qui incombe à tout deman- » deur, mais c'est l'oubli des grands principes de la soli- » darité démocratique. Ce qui choque et ce qui froisse la » conscience, c'est que les victimes du travail soient en » réalité *seules responsables* des cas fortuits et de force » majeure, et que la Société, qui profite du travail accompli, » ne vienne pas, dans la mesure du possible, alléger les » souffrances et les misères qui sont le résultat du fonc- » tionnement même de l'ordre social. »

M. Peulevey veut donc, avant tout, venir en aide aux victimes de la force majeure, lesquelles, aujourd'hui, ne peuvent que s'adresser aux institutions de bienfaisance ou à la charité privée (1) ; M. Peulevey veut faire cesser cette humiliation.

M. Peulevey veut que les secours soient *immédiats*, l'art. 4 de sa proposition contraint l'employeur à faire dans les vingt-quatre heures au juge de paix une déclaration de l'accident. Le juge de paix pourra se faire assister de tel expert qu'il jugera compétent.

Et, d'après l'article 5, « quel que soit le résultat de » l'enquête et quelles que soient les causes probables de » l'accident, le magistrat enquêteur, sur l'avis du docteur » qui aura soigné la victime, et sur la demande des parties » intéressées, parents, amis ou voisins, délivrera un bon » d'assistance provisoire sur la Caisse des Accidents du » Travail, créée à cet effet (art. 2 et 3), en tenant compte » des besoins de la victime et de sa famille. »

« Ce premier secours pourra être renouvelé de quinzaine » en quinzaine sur l'avis du docteur, pendant un délai de » deux mois.

» Passé ce délai, le secours ne pourra être continué sur » la Caisse des Accidents que sur la décision de la *Com-* » *mission spéciale administrative.* »

Cette Commission administrative, M. Peulevey ne nous dit pas comment elle serait composée, il en laisse l'organisation et les attributions à un règlement d'administration publique.

Nous partageons les idées de M. Peulevey pour tout ce qui précède, mais ce que nous nous expliquons difficilement c'est que l'honorable Député du Havre qui veut que la législation à adopter soit conforme « aux grands principes de la solidarité démocratique, » et qui, par suite, met *à la charge de l'Etat* « tous les accidents graves arrivant dans » l'exécution d'un travail commandé, lorsqu'ils seront le » résultat d'un cas fortuit, de la force majeure, ou même

(1) Quand les tribunaux ne mettent pas la force majeure sur le dos du patron.

» d'une imprudence légère de la victime (art. 1er), » ce que nous ne nous expliquons pas, c'est que M. Peulevey exige que « tout ouvrier qui voudra profiter des indemnités » garanties par l'Etat, *justifie du paiement* d'une somme » à déterminer (art. 2). » (1)

M. Peulevey établit donc l'assurance obligatoire *pour l'ouvrier seulement*.

L'Etat, la Société sont responsables des accidents, mais l'*ouvrier*, qui fait aussi partie de la Société, apporte une part supplémentaire dans la Caisse des Accidents du Travail. Cette part, c'est l'assurance, qui *seule* donnera à l'ouvrier le droit d'être indemnisé.

A notre avis, c'est trop absolu.

Pourquoi dirait-on à l'ouvrier : « Ne craignez rien, en » cas d'accident vous serez secouru, mais payez tant par » an, nous, nous ne paierons rien. »

Dans certains établissements, dans certaines professions, les ouvriers du port du Havre, par exemple, n'ont pas accepté, jusqu'à ce jour, de participer à l'assurance du patron, contre les accidents.

M. Peulevey croit-il que les ouvriers consentiront à payer quand ils seront *seuls* à le faire ?

Il y a dans le projet de notre député, une lacune qui empêche « la solidarité démocratique » d'être complète.

Que M. Peulevey fasse payer leur quote-part aux patrons, aux ouvriers et à l'Etat, et nous sommes avec lui.

Projet Félix Faure. — M. Martin Nadaud, dans son projet primitif, établissait la responsabilité du patron pour tous les accidents dont ses ouvriers seraient victimes, à *moins que l'accident n'ait été le résultat d'une faute commise par la victime.*

De la force majeure et des cas fortuits, pas un mot dans

(1) L'art. 2 du projet de M. Peulevey fixe à 2 fr. par an la cotisation de l'ouvrier ; mais, dans son discours à la séance de la Chambre des Députés, du 8 Mars dernier, M. Peulevey a déclaré que ce chiffre de 2 fr. n'avait rien de précis et qu'il représentait l'inconnue à dégager. C'est donc à dessein que nous écrivons « somme à déterminer », pour rester d'accord avec la vérité.

le projet du député de la Creuse. En rendre le patron responsable, c'était déjà excessif, mais ce système a encore été surpassé par celui de M. Félix Faure, qui rend le patron responsable, *quelle que soit la cause de l'accident* ; et ici, le patron est pris dans le sens le plus large du mot, « *chef* » *de toute entreprise industrielle, commerciale, ou agri-* » *cole.* »

Nous avons peine à nous expliquer comment un tel système a pu être mis en avant, et comment il a pu trouver quelque attention de la part d'une Chambre française, c'est-à-dire d'une Chambre essentiellement démocratique et républicaine.

Etablir la responsabilité *obligatoire* constitue une *injustice* criante, contraire au principe fondamental de la Société française : l'Egalité de tous les citoyens devant la loi.

Ainsi que l'a dit Victor Hugo, l'union du Droit et de la Loi constitue l'Ordre, leur antagonisme amène les catastrophes.

Or, la responsabilité obligatoire est une violation du *Droit*.

Comment, un citoyen pourrait être désormais déclaré coupable de la faute d'autrui ? Comment, un citoyen pourrait être déclaré responsable du *hasard* ?

Les accidents ne résultent pas *que de la faute du patron*, ils peuvent avoir pour causes (et ce sont les plus fréquentes) l'imprudence de la victime, la force majeure, le cas fortuit.

M. Martin Nadaud admire le projet Faure, parce que, dit-il, « la recherche de la faute, base actuelle de la loi qui » règlemente la responsabilité civile, est supprimée. » (1)

C'est admirable !

La recherche de la faute est supprimée ?

C'est la négation de la justice.

Ainsi, on trouve tout naturel de dire que le principal inconvénient de la législation actuelle est « qu'elle oblige

(1) *Rapport au nom de la Commission parlementaire*

» le juge à déterminer exactement à qui incombe la faute » de l'accident. »

Alors, vous voulez qu'à l'avenir, le *demandeur* ait toujours raison ?

Il nous paraît élémentaire que quiconque réclame quelque chose fasse la preuve que ce quelque chose lui est dû, ou tout au moins, que ceux qui sont appelés à statuer, aient à examiner si la demande est oui ou non fondée.

Il est impossible d'admettre que dorénavant la justice française en sera réduite à imiter ce tribunal de vaudeville, où le Président vient annoncer, après les plaidoiries des avocats des deux parties, que le « jugement était fait *d'avance !* »

La loi de M. Félix Faure, nous paraît dangereuse, car elle encouragerait presque l'ouvrier à être insouciant de sa vie.

Aujourd'hui, bon nombre d'accidents n'ont pour cause que *l'imprudence des victimes*, que serait-ce si l'indemnité était obligatoirement due ?

Ne peut-on pas aussi craindre la *malveillance ?*

Le fait est surprenant, mais, comme le rappelait récemment à la Chambre de Commerce du Havre, un grand industriel, M. E. Dubosc, « il arrive souvent que les » ouvriers se blessent presque volontairement, et on ne doit » pas s'en étonner, puisque les Compagnies de Mutilés, » recrutent chaque année des jeunes gens qui se sont blessés » pour échapper à la conscription. »

En effet, puisqu'un homme peut se blesser volontairement pour éviter la dette que tout citoyen doit payer à la Patrie, un homme peut fort bien se mutiler pour.... toucher de l'argent !

Alors, on nous crie : « Mais la faute volontaire est un crime, et sera poursuivie comme telle. »

Cette réplique est sensée, mais elle nous surprend de la part de ceux-là même qui disent « que dans 75 cas sur 100, la cause de l'accident ne peut être connue »

Alors, il est clair que 75 fois sur 100 vous ne pourriez savoir s'il y a eu crime ou non ?

Votre réponse n'est pas satisfaisante, ce n'est qu'un faux-fuyant.

Nous repoussons donc la responsabilité obligatoire du patron, comme contraire à la justice et à l'équité.

Et du reste, pourquoi ne jamais parler de la responsabilité de l'ouvrier ? Est-ce, comme on l'a dit à la tribune du Palais-Bourbon, *pour lui faire voir qu'on s'occupe de lui* ? (1)

Est-ce honorer la classe ouvrière que de lui accorder des privilèges ? Est-ce glorifier le travailleur que de l'assimiler à une machine, à un outil ? Est-ce se préoccuper de l'émancipation morale de l'ouvrier que de lui dire « Restez *salarié*, soyez toujours *employé*, car si vous deveniez *employeur* et *indépendant*, vous n'auriez que plaies et bosses. »

M. Félix Faure,disait à la Chambre des Députes (2) « que « 12 0/0 des accidents surviennent par la faute des patrons, » 20 0/0 par la faute des ouvriers, les autres sont dûs à des » causes *fortuites*. L'imprudence et l'inhabileté des » ouvriers causent de nombreux accidents, *dont les patrons* » *sont en quelque sorte complices*, ces derniers doivent être » *responsables !*

» L'ouvrier ne s'assurera pas, parce qu'il croirait perdre » une partie de son droit. »

Et alors, c'est le patron que vous frappez ?

Vous le frappez non seulement pour les 20 0/0 de fautes que commettent les ouvriers, mais encore pour les *68* fautes *sur 100*, qui ne peuvent être attribuées *qu'à la force majeure !*

On nous dit alors : « Contractez une assurance, vous » pouvez assurer vos ouvriers, vous assurez bien vos *marchandises*. Cela entrera dans les frais généraux ! »

---

(1) En lisant le compte-rendu, nous avions lu, à première vue, » faire *croire*, »

(2) Séance du 8 Mars 1883.

Ainsi, classe ouvrière, vous que l'on aime et chérit, vous n'êtes plus qu'un amas de machines et de marchandises ; ouvriers, objet de notre amour, désormais votre patron vous assurera comme il assure son *cheval* et comme il assure *un colis machine « faisant route pour New-York.* »

La machine, l'outil, le cheval, les marchandises sont la propriété du patron.

En doit-il être ainsi de l'ouvrier ?

Veut-on retourner à l'esclavage ?

Ce n'est pas là une solution pour une question *sociale.*

Le projet de M. Félix Faure, n'a qu'un bon côté, selon nous, c'est qu'il établit des *maximums* d'indemnité que les Tribunaux ne pourraient dépasser.

Mais notre honorable concitoyen, a eu le tort grave de faire entrer la famille à l'atelier, en fixant des indemnités proportionnelles au nombre d'enfants de l'ouvrier sinistré.

Par ce moyen, on fermera les portes des ateliers aux ouvriers chargés de famille.

Nous connaissons des industriels qui n'emploient plus, autant que possible, que des *célibataires* ; que la loi Faure soit votée, et le cas se généralisera.

Les enfants *légitimes* ont seuls droit aux indemnités ; alors, un ouvrier qui n'aura que des enfants *naturels* sera employé de préférence.

Voilà une excellente occasion, de réformer la législation actuelle sur les enfants *naturels.*

M. Faure accorde une indemnité aux ascendants des victimes. Nous connaissons un industriel qui a été condamné à faire une rente viagère de trois cents francs, à la mère d'un ouvrier décédé ; la mère a prétendu que son fils était *son unique soutien*, (on fait de beaux mots avec cela !) ; on l'a crue.

Or, il est un fait avéré, que cette mère, *qui ne résidait pas dans la même localité* que son fils, *lui envoyait de l'argent* tous les mois.

M. Faure exclut bien les cas *criminels* et *délictueux*,

mais il est des accidents qui, sans entrer dans cette catégorie, ne peuvent être mis à la charge de l'employeur, tels que les accidents causés par l'abus des boissons alcooliques.

« Combien de fois n'arrive-t-il pas qu'un ouvrier après » avoir dissimulé aux yeux des surveillants, au moment de » la rentrée dans l'atelier, l'état dans lequel il se trouvait, » tombe quelques instants après, victime d'un accident » dont son imtempérence est la cause première. » (1)

Signalons encore l'article 3 du projet Faure, qui est aussi l'article 3 de la nouvelle rédaction de la Commission ; article incompréhensible.

Après avoir fixé la législation en matière d'accidents, par les deux premiers articles, on ouvre de nouveau la porte à l'inconnu par cet art. 3.

M. Brialou, Député, n'a pas craint de déclarer que le projet Faure rendrait la France « unie et forte. » (2)

Nous avons peine à croire que l'*union* s'établiera par une loi de *privilège* et d'*injustice* ; nous doutons aussi que la France soit « *forte* » quand elle aura admis pour son industrie un principe que l'on ne retrouve nulle part chez ses rivaux économiques.

Grâce à l'intervention de MM. Frédéric Passy, Peulevey et Giraud, le projet Faure a été repoussé par la Chambre, le 12 Mars dernier.

Nous avons le ferme espoir que la Chambre des Députés ne nous réserve pas la surprise de l'exhumation de ce projet universellement condamné et auquel elle a déjà accordé un « enterrement de première classe. »

Quand nous disons « universellement condamné » nous voulons dire en France, naturellement, car les rares admirateurs (?) du projet de M. F. Faure nous disent que la presse *étrangère* approuve ce projet.

Il paraît en effet, qu'en Angleterre, en Allemagne, en

---

(1) Rapport de la Société Industrielle de St-Quentin et de l'Aisne.
(2) Séance du 12 Mars 1883.

Italie, *urbi et orbi*, le projet Faure est jugé *admirable* et sans *rival*.

Ce à quoi nous avons déjà répondu et nous répondrons une fois de plus que la presse étrangère n'est pas parole d'évangile, et que nous ne devons jamais oublier que « tout flatteur vit aux dépens de celui qui l'écoute. »

Nous comprenons que l'Allemagne et consorts applaudissent au principe du système Nadaud-Faure, puisqu'il place l'industrie francaise dans un état d'infériorité vis-à-vis de ses pires adversaires.

Nous osons espérer que l'honorable M. Félix Faure n'oubliera pas qu'il n'est pas seulement Député, mais qu'il est aussi Vice-Président de la *Ligue des Patriotes*.

C'est à ce point de vue que nous faisons appel aux sentiments de M. Félix Faure, pour qu'il modifie son projet de telle sorte qu'il soit d'accord avec la justice, l'équité, la morale et le *patriotisme*.

Lorsque M. Félix Faure a rédigé son projet de loi, il s'est laissé entraîner par un élan de générosité très-louable, mais nous sommes convaincu que l'ancien membre du Cabinet Gambetta s'est déjà rendu compte de l'émotion causée dans le monde industriel par ledit projet, et qu'il n'ira pas plus loin dans la voie où il est entré.

M. Faure a beaucoup d'industriels dans ses amis personnels, il peut s'entourer d'avis compétents et modifier son projet en tenant compte de tous les intérêts sans en léser aucun.

Société Industrielle de St-Quentin et de l'Aisne. — Cette Société, dans sa séance du 18 Juin 1883, a adopté un rapport concluant au rejet du projet de loi Nadaud-Faure.

En ce qui concerne les *maximums* d'indemnité, la Société Industrielle de St-Quentin dit « qu'il faudrait allouer de » préférence une somme plus forte en cas de décès et d'in- » capacité de travail, mais toujours la même, quelle que » soit la famille de l'ouvrier. Car, que sa famille fût nom-

» breuse ou petite, celui-ci ne rapportait chez lui que la
» même somme dans tous les cas. »

En effet, le nombre des enfants n'entre jamais en compte quand un patron et un ouvrier débattent le prix du salaire.

La Société industrielle de St-Quentin repousse l'assurance obligatoire et n'admet pas la participation de l'Etat dans le versement d'une partie des primes ; elle propose l'adoption d'une loi établissant la responsabilité du patron lorsqu'il y aurait faute de sa part.

Comment se fait-il que la Société Industrielle, rejetant le principe de l'assurance obligatoire demande que les ouvriers qui ne voudraient pas s'assurer n'aient droit à aucune indemnité ?

La tarification des indemnités, proposée par la Société de St-Quentin est assez bien établie ; elle accorde : en cas de décès ou incapacité absolue de travail 900 fois le salaire journalier avec un maximum de 5,000 fr. ; — en cas d'incapacité partielle, de 1/10 à la 1/2 de l'indemnité totale ; — et à salaire égal, l'indemnité serait la même pour les femmes que pour les hommes.

Le rapport de la Société Industrielle de St-Quentin et de l'Aisne est accepté par la *Chambre syndicale des Entrepreneurs* de St-Quentin.

Ces deux associations demandent que les Conseils des Prud'hommes soient chargés de juger les demandes d'indemnité pour les accidents du travail.

Opinion de M. Vavasseur, avocat à la Cour d'Appel de Paris. — M. Vavasseur, dans un article du *Droit* du 20 Mai 1880, et dans un discours à la Société de Protection des Apprentis, le 7 Avril 1881, (1) a déclaré que la législation actuelle était insuffisante et qu'elle pouvait être réformée sans crainte de porter atteinte aux principes du Droit.

M. Vavasseur ne voit dans les accidents « que des risques

(1) *Bulletin de la Société de Protection*. XIV. Page 121 et suivantes.

» industriels, inhérents à l'industrie, même en cas de force » majeure, la responsabilité doit donc incomber au chef de » l'entreprise, à moins que celui-ci ne prouve que l'accident » est dû à la faute de la victime. »

M. Vavasseur ne craint pas que la présomption de responsabilité à l'égard du patron, soit un motif pour l'ouvrier d'être plus insouciant qu'il ne l'est déjà.

Comment peut-on craindre qu'un suicide secrètement accompli puisse devenir une heureuse spéculation pour la famille ?

« La réponse est facile ; le patron aujourd'hui n'est-il pas » capable et souvent coupable de l'insouciance inverse, » d'une insouciance fructueuse, calculée, spéculant sur » l'économie des frais généraux ! Lui du moins, ne met » comme enjeu que sa bourse, mais l'ouvrier y met sa » vie. »

Si en effet, l'accident n'a d'autre cause que la négligence du patron, si le patron est coupable, il est évident qu'il doit être responsable. Mais faut-il pour cela le rendre responsable des fautes de ses ouvriers ?

Cependant, M. Vavasseur n'accorde pas d'indemnité à l'ouvrier blessé par sa propre faute.

Mais pourquoi faire supporter par le patron la responsabilité du cas *fortuit ?*

Par force majeure, l'éminent avocat de la Cour de Paris ne comprend pas « celle qui serait due à des causes extrin- » sèques, comme le feu du ciel, une trombe, un tremblement » de terre, qui blesseraient ou tueraient des ouvriers pen- » dant le travail, mais seulement celle qui dérive des » instruments même du travail. »

Si donc la force majeure est due à une cause *extrinsèque*, il n'y aura pas de réparation ?

Là encore, une lacune.

Et si, dans une coulée, un ouvrier fondeur reçoit dans l'œil une parcelle de fonte en fusion, pourquoi rendre le patron responsable de cet accident ?

Est-il plus coupable en ce cas que si le fondeur est tué par la foudre ?

M. Vavasseur nous répondra que la fonte en fusion projetée dans l'œil de l'ouvrier constitue un risque industriel, inhérent à l'industrie.

N'est-ce pas aussi un risque inhérent au travail de l'ouvrier fondeur ?

En résumé, M. Vavasseur propose d'ajouter à l'art. 1780 du code civil. (Louage d'ouvrage et d'industrie) :

« Celui qui emploie les services d'un autre, lui doit » garantie des accidents *résultant du travail*, à moins » qu'il ne prouve que les accidents sont dus à la faute de » la victime.

» Les demandes en indemnités sont portées en première » instance devant les Conseils des Prud'hommes, et s'il n'y » en a pas, devant le juge de paix ; en appel, devant la » Cour qui statue comme en matière sommaire. »

Selon nous, M. Vavasseur ne fait rien pour les victimes des cas fortuits et met à la charge de l'employeur des accidents dont il est innocent, car les accidents *résultant du travail* n'ont pas toujours pour cause la *défectuosité de l'outillage*, témoin la molécule de fonte dans l'œil du fondeur, un éclat de fer dans l'œil de l'ajusteur, etc.

Pour certains travaux, on peut contraindre les ouvriers à employer des lunettes préservatrices, comme cela se fait maintenant pour travailler à la meule émeri, dans la plupart des ateliers de mécanique du Havre, et comme nous le faisons dans notre fonderie pour tous les ouvriers occupés à la fusion et à l'ébarbage.

Mais si la fonte brûle le *pied* au lieu de l'œil ? S'il n'y a ni de la faute du patron, ni de celle de l'ouvrier, c'est un cas *fortuit ;* pourquoi dès lors le faire retomber sur l'un plutôt que sur l'autre ?

Le patron, dit-on, doit supporter les risques de son industrie, mais ne peut-on pas répondre que l'ouvrier doit supporter les risques *inhérents à la profession qu'il a volontairement embrassée ?*

Opinion de M. Worms, Professeur à la Faculté de Droit de Rennes. (1)

MM. Martin Nadaud et F. Faure, ont soulevé les hauts cris de tous les hommes qui aiment la justice pour tous.

Personne ne se rallie à cette idée que la faute d'une victime pût être mise à la charge d'un innocent.

La faute de la victime serait ainsi indemnisée, il ne le faut pas.

Elle le serait, mais M. F. Faure se garde bien de le dire.

M. Worms est plus fort que cela, il ne trouverait aucun inconvénient à ce que l'*Etat* indemnisât l'ouvrier, « *lorsqu'il » serait établi que la faute incombe à la victime.* »

C'est magnifique !

On a dit que le système Nadaud-Faure constituait la *prime à l'imprévoyance.* Que dire de l'innovation de M. Worms ?

Qu'une loi *tolère* une telle atrocité, c'est déjà beaucoup, mais l'*inscrire* dans la *loi*, c'est trop !

M. Worms, pour un professeur de *Droit*, nous laisse très perplexe !

Nous nous souvenons avoir vu donner aux enfants comme livres de prix, de petites nouvelles intitulées : « X... ou la faute *punie.* » « Y... ou la faute *pardonnée.* »

M. Worms nous enverra bientôt « Z... ou la faute *récompensée.* »

Cet ouvrage pourra être dédié à ces bonnes âmes qui appelaient récemment le Tribunal de la Seine à se prononcer sur ce délit : « on les avait invités à dîner, en sortant » ils se cassent une jambe : conclusion, ils attaquent leur » amphytrion en responsabilité civile ! »

Un exemplaire doré sur tranches sera remis solennellement aux juges qui ont condamné l'amphytrion à payer

(1) Journal la *Loi*, 26 Juillet 1882 et rapport de M. Poan de Sapincourt.

10,000 fr. de dommages-intérêts à ceux qu'il avait eu le tort... d'inviter à dîner.

D. — Liberté absolue

M. Georges Salomon, de la Société des Ingénieurs civils, dans une brochure intitulée *la liberté des mesures contre les accidents*, a très-bien traité la question qui nous occupe.

M. Salomon repousse tout d'abord la *surveillance légale* et l'*assurance obligatoire*.

L'honorable ingénieur veut la liberté entière et absolue; il réclame la fondation d'associations privées, comme celles de Mulhouse et de Rouen, et une loi édictant la responsabilité du *patron* pour les accidents *qu'il aurait pu prévenir*.

En d'autres termes, le patron ne doit être responsable que de ses propres fautes.

M. Salomon ne parle ni de la force majeure, ni des cas fortuits. Selon lui, probablement, c'est à l'*ouvrier* à s'assurer lui-même pour se garantir des chômages, de la maladie, des accidents, tout comme le patron peut s'assurer contre tous les risques, incendie, fortunes de mer, vie, accidents, etc.

Le système préconisé par M. Salomon, est le seul auquel nous serions prêt à nous rallier, parce qu'il est juste et logique.

Mais cependant, si un ouvrier est blessé par la force majeure, que fera-t-on pour lui ?

Rien, dira-t-on, c'était à lui de s'assurer.

Il eut dû le faire, soit, mais il ne l'a pas fait, voilà donc une victime à la charge de la Société, et que bon gré mal gré, il faudra secourir.

Faut-il décidément laisser les victimes du travail, compter sur la charité privée ?

Nous ne le pensons pas.

Telles sont les seules raisons qui nous séparent de M. Salomon.

E. — Législation étrangère

Avant de présenter notre système, examinons ce qui se passe à l'étranger, voyons ce que font *chez eux* ceux qui aspirent à l'application *chez nous* du principe Nadaud-Faure.

Angleterre. — La Loi du 19 Mai 1878, (1) prescrit des mesures de sûreté et de salubrité dans les ateliers et manufactures. L'application de cette loi est assurée par le contrôle de cinquante-cinq sous-inspecteurs, dirigés par un inspecteur général.

Les statistiques d'accidents, en Angleterre aussi bien que dans tous les pays d'Europe, sont très-incomplètes, avons-nous dit, et il n'est pas possible de dire si la Loi du 27 Mai 1878 rend de réels services.

« En Angleterre, depuis 1802, on a modifié *vingt-une* » fois la législation sur le travail dans l'industrie.

» Ces remaniements constants avaient pour but d'ajouter » quelques dispositions coërcitives à celles qui exis- » taient déjà.

» A chaque progrès de l'industrie, à chaque nouveau » péril, on devait imposer le remède à des patrons chez » lesquels la loi avait étouffé toute initiative généreuse.

» Finalement, on se trouva si embarrassé d'un si grand » nombre de prescriptions vexatoires ou inutiles, qu'on fut » obligé de refondre dans la loi du 27 Mai 1878, les dix-neuf » règlementations qui l'avaient précédée.

» Cette loi n'était pas entrée en vigueur que les *Trade's* » *Unions* la critiquèrent vivement. Les ouvriers estimaient » qu'on aboutirait plus sûrement à intéresser les patrons à » éviter des accidents, par une loi sur la responsabilité, » qu'en leur imposant l'emploi de mesures préventives » *déterminées*.

» Après deux enquêtes successives, le Parlement reconnut

(1) *An act to consolidate and amend the law relating to factories and workshops.*

» le bien fondé de ces réclamations en votant le bill du » 7 Septembre 1880. » (1)

La responsabilité en matière d'accidents est aujourd'hui réglementée par cette loi du 7 Septembre 1880, (2) laquelle est donc née pour condamner le bill de 1878, c'est-à-dire pour condamner la *surveillance légale.*

La loi de 1880, basée sur le *droit commun* ne rend le patron responsable que des accidents provenant *de sa faute ou de celle de ses sous-ordres* ; l'ouvrier n'a droit à aucune indemnité, si l'accident provient du *hasard*, de la *force majeure*, ou *de sa propre faute*, et c'est à lui à faire la preuve de l'accident.

L'art. 3 énonce que, dans aucun cas, « l'indemnité ne » pourra être supérieure à une somme équivalente aux » gages des *trois* années précédant le sinistre, pour un » ouvrier du même emploi que le sinistré, et préposé pen- » dant ces 3 années au même service et dans le même » district que ceux où travaillait l'ouvrier au moment de » l'accident. »

Allemagne. — La loi du 7 Juin 1871, qui a servi de modèle à la loi anglaise, établit la responsabilité de l'employeur pour les accidents dont ses employés sont victimes, sauf pour ceux résultant de la faute de l'ouvrier sinistré.

Le Reichstag a voté à la dernière session l'Assurance obligatoire des ouvriers contre la maladie.

« La loi a laissé aux assurés la faculté, dans une certaine » mesure, de choisir entre les assurances privées par les » caisses de secours créées aux fabriques et les mutualités » formées par les ouvriers entre eux, et, d'autre part, » l'assurance faite d'office par la commune, laquelle devient » la règle chaque fois que l'initiative privée n'a pas pourvu » à une caisse de maladie. Il s'agit, dans l'esprit du légis- » lateur, de compléter, de développer le système des assu-

(1) M. Geo. Salomon. — *La Liberté des mesures contre les accidents.*

(2) *An act to extend and regulate the liability of employers to make compensation for personal injuries by workmen in their service.*

» rances libres et, dans cet ordre d'idées, les patrons » d'entreprises industrielles doivent, dans des cas donnés, » instituer des caisses de secours pour leurs ouvriers, » comme aussi les ouvriers d'une même branche peuvent » former des associations de secours mutuels.

» En cas d'insuffisance des ressources de ces associations, » les communes doivent intervenir au moyen de secours » supplémentaires.

» *Tout ouvrier doit contribuer* au fonds de secours » communal, dans la proportion de 1 1/2 0/0 de son salaire » ordinaire.

» La loi rend les patrons responsables de son exécution, » en ce qu'ils doivent déclarer leurs ouvriers à l'assurance, » percevoir les cotisations et contribuer eux-mêmes à » celles-ci *dans la proportion d'un tiers.*

» Le Reichstag a ajourné à sa prochaine session l'examen » de la loi sur les assurances des ouvriers contre les acci- » dents. » (1)

Attendons donc, nous verrons bientôt quelle solution recevra en Allemagne cette question des accidents.

Nous avons mentionné les principales dispositions de la loi sur les assurances contre la maladie, afin de faire ressortir la participation de l'*ouvrier* dans le fonds de secours, et la contribution partielle du *patron* et de la *Commune.*

Suisse. — La Suisse a tenté aussi la *surveillance légale*, par la loi du 23 Mars 1877.

Mais on soupçonnait bien que l'inspection n'aurait pas le succès souhaité, et l'art. 5 établissait la responsabilité du patron pour tous les accidents survenant à ses ouvriers, « à moins qu'il ne prouve que l'accident provient d'un cas » de force majeure, ou qu'il a été amené par la faute même » de la victime. Si celle-ci a été partiellement la cause de » l'accident, la responsabilité, quant aux dommages-inté- » rêts, *est réduite dans une juste proportion.* »

(1) *Le Moniteur des Intérêts matériels*, 1er Juillet 1883.

Cette disposition spéciale, qui ne fut d'abord que provisoire, a été consacrée et rendue définitive par la loi du 25 Juin 1881.

F. — 3e Rédaction de la Commission parlementaire. *(24 Mai 1883)*

La Commission parlementaire, qui avait tout d'abord adopté le projet de M. Félix Faure, lequel lui a été renvoyé par la Chambre, a établi une nouvelle rédaction qui est aussi inique que la précédente, avec cette différence qu'elle est plus ambigüe.

L'article premier déclare qu'il n'est rien innové à la législation actuelle, en ce qui concerne la *responsabilité civile.*

L'Art. 2 établit la *présomption* de responsabilité du *patron* pour les accidents survenus dans le travail, à ses ouvriers ou préposés.

Mais cette présomption cesse, « lorsqu'il fournit la preuve, » ou bien que l'accident est arrivé par force majeure ou » cas fortuit qui ne peuvent être imputés, ni à lui, ni aux » personnes dont il doit répondre, ou bien que l'accident a » pour cause exclusive la propre imprudence de la victime. »

Cette présomption de responsabilité n'est applicable que pour certaines industries : « usines, manufactures, fabriques, » chantiers, mines, carrières, entreprises de transport, et » en outre, dans les autres exploitations de tout genre, où » il est fait usage d'un outillage à moteur mécanique. »

Et les entreprises de travaux de bâtiment, où sont-elles ? Est-ce ce qu'on appelle *chantiers* ?

Pourquoi le *marchand de vins* ne serait-il pas responsable des accidents survenus à ses ouvriers ?

Et les entreprises de chargement et de déchargement de navires, pourquoi n'en est-il pas question ?

Par contre, le moindre petit boutiquier qui aura le malheur d'inscrire sur sa porte. « *Fabrique* de cornets en papier, » tombera sous le coup de la loi.

Il est vrai que pour tous les autres, les art. 1382 et 1383 sont là, puisqu'*il n'est rien innové*; mais alors, pourquoi innover pour Pierre plutôt que pour Jacques ?

Toujours de l'arbitraire ?

Dans tous les cas, *l'outillage à moteur mécanique* est une trouvaille.

L'Art. 3 décerne au patron une responsabilité *spéciale*, sans préjudice de la responsabilité de droit commun; en conséquence, « *le patron* doit venir en aide à tout ouvrier » ou employé victime d'un accident dans l'exécution de » son travail. »

Ainsi on ne se contente plus de la responsabilité *obligatoire* du patron, on crée maintenant *deux* responsabilités, ce qui donne lieu à un *double* procès, autorisé par l'art. 10.

Singulier moyen de simplifier !

L'art. 5 limite cette responsabilité *spéciale* « aux chiffres » des pensions et secours que la Caisse d'assurances en » cas d'accidents (établie par la Loi du 11 Juin 1868), alloue » actuellement à l'assuré ou aux ayants-droit de l'assuré, » lorsque la prime annuelle est de *huit* francs. »

L'action à intenter devra être, à peine de déchéance, introduite dans les six mois du jour de l'accident; elle sera formée devant le *Tribunal de paix*, dans le ressort duquel aura eu lieu cet accident; la demande jouira de plein droit de l'assistance judiciaire. Le juge de paix statuera sur l'action et l'exception; *ses jugements ne seront pas susceptibles d'appel*. (Art. 6, 7 et 8).

Est-il possible de donner un pouvoir aussi exorbitant au Juge de paix ?

Quant à un tribunal *sans appel*, un juge de paix *infaillible*, il faut admirer ce chef d'œuvre.

En somme, nous osons espérer qu'à la rentrée des Chambres, nous assisterons aux obsèques solennelles de cette *nouvelle* rédaction.

Les Chambres de Commerce, les Chambres Syndicales, les Sociétés Industrielles se sont préoccupées de cette question des accidents, elles ont voté des résolutions, préparé des rapports, des pétitions, etc. Nos Députés n'auront qu'à consulter tout cela, et ils pourront facilement voir ce qu'il y a à faire, et, comme le Rapporteur des Chambres syndicales de Lyon, nous sommes convaincu que nos législateurs ne négligeront pas de s'entourer de renseignements « émanés d'hommes pratiques et expérimentés. »

§ IV

Pour résumer nos observations sur les différents systèmes que nous venons de passer en revue, nous dirons que ces divers projets nous paraissent avoir les défauts suivants :

1° Surveillance legale des ateliers, gêne pour l'industrie, sans résultat efficace ;

2° Les accidents de force majeure ne reçoivent pas de réparation, ou ils sont supportés par des innocents ;

3° Une situation *criante* est remplacée par une législation *inique*.

Les seuls points que nous retenons sont :

1° Procédure plus prompte et moins onéreuse.

2° Etablissement d'une juridiction spéciale.

Le système que nous allons maintenant exposer est, sauf quelques légères modifications, celui que nous avons soutenu au Havre et qui, après avoir été adopté par la *Chambre Syndicale des Constructeurs-Mécaniciens, Chaudronniers et Fondeurs*, a été accepté, en principe, par le *Syndicat général*, les Syndicats de l'*Epicerie*, du *Bâtiment*, du *Camionnage*, des *Corporations maritimes réunies*, de la *Boulangerie* de la *Boucherie*, des *Commerçants réunis*, la Compagnie des *Docks-Entrepôts* et un grand nombre d'industriels du Havre, ainsi que par *tous* les Syndicats du *Bâtiment* de Rouen,

De quoi s'agit-il ?

D'*éviter* les accidents et de *réparer* le dommage causé, voilà le plus pressant.

Il faut que les victimes soient *secourues* et qu'elles le soient *promptement*.

Voici donc le système que nous proposons :

Principe de la Loi

Tout *employé*, victime d'un accident survenu dans le travail, a droit à une indemnité proportionnelle au dommage qui lui est causé par cet accident, quelle qu'en soit la cause, sauf toutefois, si l'accident résulte de la faute *bien reconnue* et *bien établie* de la victime.

L'employeur sera responsable de plein droit et ne pourra bénéficier de la Caisse d'Assurances, dont il est question plus loin, si l'accident provient de sa faute *bien établie.*

L'indemnité ne pourra, dans tous les cas, être supérieure à une somme équivalente aux gages de la victime pendant les *cinq* dernières années qui auront précédé le sinistre.

Les indemnités seront réglées suivant les catégories suivantes ; (1)

1° Mort ;
2° Perte de deux membres ou des deux yeux ;
3° Perte d'un œil ou d'un membre ;
4° Perte de deux doigts, de la main ou du pied ;
5° Incapacité temporaire de travail.

Caisse d'Assurances :

Institution d'une Caisse d'Assurances alimentée, dans des proportions à déterminer par :

1° L'*Etat* ; 2° Le *Patron* ; 3° L'*Ouvrier*.	Taux variable suivant les dangers que présentent les diverses entreprises.

Cette Caisse serait placée sous le contrôle de l'Etat, dans des conditions analogues à celles qui régissent les *Caisses d'Epargne.*

Commissions d'enquête (2)

Création de Commissions locales, composées de :

1° Un *Juge de Paix*, Président ;

(1) Nous reproduisons ici la tarification anglaise. Le *quantum* d'indemnité par chaque catégorie, serait à fixer ultérieurement, nous n'avons pas à nous en occuper ici.

(2) Nous adoptons à peu près le projet de Commissions d'Enquête présenté par la Chambre Syndicale des Mécaniciens de Paris.

2° Deux *Patrons* exerçant la même industrie que celui chez lequel travaillait le blessé.

3° Deux *Ouvriers*, du même métier que le sinistré.

4° Un *Médecin*.

Les membres de ces Commissions seraient nommés pour un an par le Tribunal de la région et choisis sur des listes présentées à cet effet par les Chambres syndicales, ou à défaut par les Conseils des Prudhommes ou les Conseils municipaux.

En cas d'accident, l'*employeur* devrait, dans les vingt-quatre heures, en aviser le juge de paix qui convoquerait d'urgence la Commission d'enquête.

Chacune des parties, patron et ouvrier, aurait droit de récuser un membre.

La Commission provoquerait tout d'abord une solution amiable entre l'employeur et l'employé; elle allouerait d'urgence des avances pour parer aux premiers besoins, jusqu'au rétablissement du blessé ; elle statuerait enfin sur le dommage causé et sur la fixation de l'indemnité, en faisant la part des responsabilités.

En cas de refus de l'ouvrier ou de ses ayants-droit d'accepter la décision de l'arbitrage amiable, instantanément rendu, la Commission statuerait de nouveau sur ce refus, déposerait son rapport, et l'affaire, déférée aux tribunaux compétents, devrait être mise au rôle d'office et jugée à la première audience ; le rapport de la Commission d'enquête tiendrait lieu du rapport d'experts. (1)

En cas d'incapacité *temporaire* de travail, par suite d'un accident sans gravité, le blessé recevrait la *moitié* de son salaire quotidien, après avoir été examiné par un médecin; l'employeur lui paierait cette indemnité et s'en ferait rembourser par la Caisse, sur la présentation d'une quittance de l'ouvrier blessé et visée par le juge de paix.

On pourrait procéder de la même façon pour tous les

(1) Si l'on ne croit pas possible l'inscription d'*office* de ces affaires on pourrait les classer comme matières *sommaires*.

autres accidents ; ce serait à peu de chose près le mode actuellement employé avec les Compagnies particulières.

Il nous semble qu'avec ce système, ou du moins avec le principe qui l'a dicté, on pourrait résoudre la grave question des accidents.

Quelle que soit la cause de l'accident, il y aurait réparation *immédiate* et *sagement* établie.

Le patron et l'ouvrier seraient obligés de prévenir et d'éviter les accidents, puisque ceux qui proviendraient de leur faute, seraient à leur charge exclusive.

Dans notre rapport à notre Chambre Syndicale, nous avions parlé de la faute *volontaire* du patron ou de l'ouvrier. Ce mot *volontaire* a été jugé sévèrement.

Peut-être, en effet, n'était-il pas heureux, mais nous avions voulu bien préciser que pour qu'un blessé ne reçoive rien, il fallait qu'il soit *bien établi* que l'accident était dû à sa propre faute, et qu'il y avait *culpabilité* plutôt qu'*imprudence* ou *maladresse*.

Un imprudent et un maladroit n'en sont pas moins dignes d'attention et d'intérêt.

De même, pour que le patron soit *uniquement* et *absolument* responsable, il faut, d'après notre système, qu'il soit reconnu, *qu'il pouvait éviter* l'accident.

Dans l'un et l'autre cas, on pourrait au besoin édicter des peines, des *amendes*.

Nos Commissions d'enquête seraient composées d'hommes *très-compétents*.

Les fonds de la Caisse seraient fournis par tous les intéressés, il y aurait *mutualité*, *collectivité*, c'est ainsi, croyons-nous, que devraient se résoudre les questions sociales.

Et, pour nous servir de l'expression de l'honorale M. Peulevey, on établirait « *la solidarité démocratique.* »

Le système que nous venons d'exposer ayant été critiqué sur certains points, nous allons essayer de réfuter les arguments qu'on nous a opposés.

On nous dit :

« Comment, vous désirez que le taux de la prime d'assu-
» rance soit variable suivant les dangers de telle ou telle
» industrie ?

» Comment, vous direz au fondeur, au mécanicien, au
» maçon, au charpentier, etc., en un mot à tous les ouvriers
» des professions les plus dangereuses, vous leur direz :
» vous paierez davantage que celui qui a un métier moins
» exposé au danger. » Est-ce équitable ? »

Oui, c'est équitable, et c'est logique. C'est un principe élémentaire en matière d'assurance, que *plus le risque est grand, plus la prime est élevée.*

Un jeune homme de 20 ans paie moins pour une assurance *sur la vie* qu'un homme de 40, c'est tout naturel.

Les raffineries paient une prime d'assurance contre l'*incendie* plus élevée que les maisons particulières.

Pourquoi n'en serait-il pas de même dans les assurances contre les *accidents ?*

Cette objection n'est pas sérieuse.

On nous dit aussi :

« Pourquoi faire contribuer l'*ouvrier* dans le paiement
» de la cotisation ? Vous ne voulez pas qu'il soit assimilé à
» une machine, mais vous le mettez au-dessous de cette
» machine, puisque vous ne voulez pas, vous patron, lui
» accorder réparation du dommage qui lui est causé. »

Comment, nous ne voulons pas lui accorder réparation ?

Mais bien au contraire, puisque si nous rejetons tous les systèmes mis en avant, c'est qu'ils ne se préoccupent pas assez de l'ouvrier, quand l'accident est dû au *hasard*, à la *force majeure*, et puisque nous voulons *qu'en tous cas*, (sauf la criminalité) il y ait réparation et secours !

Mais nous croyons qu'il est sage, nous croyons même que c'est honorer l'ouvrier que de lui dire : *Je paie* tant pour vous garantir en cas d'accident ; la *société paie* tant (un peu moins que le patron), et vous, mon ami, *vous paierez* tant (encore moins que le patron, car à notre avis, le patron paiera la plus forte part de la prime d'assurance).

Et si vous, M. X..., jugez utile de ne rien réclamer à vos ouvriers, vous paierez pour eux, on ne pourra s'y opposer.

Dans notre fonderie, nous payons, nous, sept centimes par journée de travail, nos ouvriers paient, eux, cinq centimes.

Nos ouvriers n'ont jamais rien dit ; ils ont toujours trouvé cela équitable et logique : ils savent qu'ils sont assurés, et que le chômage n'est pas à redouter.

Autre objection :

» Ne craignez-vous pas d'exposer l'ouvrier à subir, dans » le règlement de ses indemnités, les lenteurs et les com» plications administratives ? »

Il n'y aura pas de lenteurs, ce nous semble.

La Commission d'enquête se réunit *d'urgence* et elle alloue des avances.

Les patrons paieront, nous l'avons dit, et se feront rembourser par la Caisse.

Il n'y aura pas plus de complications que pour la Caisse d'Epargne.

Encore une objection :

« Vos principes, comme ceux de tous les autres projets, » reposent sur une confusion, entre deux questions absolu» ment distinctes : *les accidents du travail*, et la *respon» sabilité civile.*

» La responsabilité civile est soumise aujourd'hui à » l'appréciation des tribunaux, il s'agit de *réformer* ; la » question des accidents du travail en général, n'est encore » soumise à aucune règlementation, il faut *innover*. Or, si » l'innovation sur ce dernier point consiste, comme vous » paraissez le désirer, à poser en principe, le *droit* pour » tout ouvrier victime d'un accident professionnel, quelle

» qu'on soit la cause, à une indemnité, la question de res» ponsabilité civile disparaît, et celle des réformes à y » apporter ne se pose même pas. En effet, dire *responsa» bilité*, c'est dire qu'il y a *faute* ou *fait personnel* de la » part de celui qui est déclaré responsable, c'est supposer » qu'il a commis un acte, dont les conséquences suivant les » cas ou l'appréciation demeurent ou non à sa charge.

» Mais si vous décrétez que tout accident professionnel » emporte en soi, droit à indemnité, ne me parlez plus de » responsabilité, cela est inutile, puisque vous proclamez » une *obligation* dont on ne peut se dégager vis-à-vis de » l'ouvrier, puisque toute appréciation cessant, il suffira » d'une simple constatation du fait matériel de l'accident, » pour que la Caisse s'ouvre pour la victime, sans qu'il y » ait à discuter la responsabilité de telle ou telle personne. »

Mais pardon ! Il y a une responsabilité à dégager, l'obligation de servir une indemnité n'est pas absolue.

L'indemnité n'est due que si l'accident ne résulte pas de la faute *évidente* de la victime, et le patron est et demeure *responsable*, s'il est la propre cause de l'accident.

Il y a donc une appréciation à faire : l'accident est-il dû à la faute absolue du patron, ou à celle de l'ouvrier ?

Voilà ce qu'il s'agit de dégager ; mais, la faute de l'un et de l'autre, nous la réduisons à la dernière expression, afin de venir en aide à la victime d'un accident.

La Commission d'enquête pourra discuter la cause de l'accident, faire la preuve de l'accident, et, pour nous servir du texte de la législation suisse, la Commission *appréciera* si « la faute de l'ouvrier ou celle du patron a été *partiel» lement* la cause de l'accident, et si l'indemnité ne doit » pas être réduite dans une juste proportion » pour l'ouvrier, ou si le patron et la Caisse ne doivent pas supporter conjointement le dommage causé au blessé.

La *criminalité* de l'un ou de l'autre, patron ou ouvrier, ne trouvera pas la Caisse *ouverte*, bien au contraire !

Nouvelle objection ;

« Vous repoussez les projets Faure et Peulevey, parce qu'ils
» amèneraient de l'*indifférence* de la part des patrons, et
» une plus grande *imprudence* de la part des ouvriers. Il
» faut, dites-vous, que l'intérêt force le patron et l'ouvrier
» à prévenir et à éviter les accidents ? Mais si vous procla-
» mez le *droit* à l'indemnité, vos excellents arguments
» pour combattre les projets Faure et Peulevey, tombent
» d'eux-mêmes, puisque votre système est entaché du
» même vice rédhibitoire. »

Encore une fois pardon !

Comment notre système encouragerait-il l'indifférence du patron et l'imprudence de l'ouvrier, alors que nous spécifions que cette indifférence ou cette imprudence nettement établies entraîneraient, pour l'employé, la nullité de son droit à l'indemnité ; et pour l'employeur, la responsabilité absolue.

Au contraire, l'ouvrier devra éviter les accidents, parce que s'il ne le faisait pas, il n'aurait aucun secours ; et le patron devra prévenir les accidents, parce que s'il n'agit pas ainsi, il paiera l'indemnité, *de sa poche !*

On nous dit encore :

« Vous créez un privilège en faveur de l'ouvrier. Pour-
» quoi l'indemniser, à l'exclusion des autres catégories de
» citoyens ? Est-il plus utile au pays que le *paysan ?* »

Mais, nous n'avons aucune raison de nous opposer à ce que la loi soit applicable aux ouvriers des campagnes !

Il nous semble que la classe des *travailleurs* est *la plus utile* et *la plus intéressante* qu'on puisse trouver ?

Nous ne créons pas de privilège.

Par le mot *employé*, nous entendons tout *salarié* dans une entreprise *industrielle*, *commerciale* ou *agricole*.

La loi ne fera pas de distinction, dès lors que l'accident se sera produit *dans le travail*.

Mais, l'objection la plus sérieuse qui nous soit faite, c'est quand on nous accuse de vouloir faire du *socialisme* en créant l'*assurance obligatoire*.

Peut-on résoudre une question *sociale* sans faire du *socialisme?*

Si nous avons recours à l'assurance *obligatoire*, c'est que nous ne pensons pas qu'on puisse indemniser *toutes* les victimes du travail en faisant de l'individualisme.

Nous ne sommes pas contraire à l'initiative privée, loin de là! Et si l'on pouvait se passer de l'intervention de l'Etat en cette matière, nous serions le premier à applaudir.

Nous ne prenons l'Etat que comme *garantie* pour les victimes; les primes d'assurances formeraient un chiffre assez élevé pour que les plus grandes précautions soient prises.

Nous ne prenons pas l'Etat comme fonctionnaire, nous empruntons sa caisse comme coffre-fort de sûreté!

Si au surplus, l'assurance obligatoire est dangereuse, nous nous rallierons à un système mixte, mettant à la charge de l'Etat tous les accidents résultant de la force majeure et des cas fortuits; pour les autres cas, on appliquerait le *droit commun*, avec les modifications reconnues urgentes.

Les associations d'assurance privée pourraient alors avoir un libre cours.

Ce qui nous a inspiré, dans la rédaction de notre projet, c'est cette pensée que les accidents du travail constituent une charge *sociale*, et que la participation de l'Etat nous paraît logique, comme dans toutes les infortunes dont le soulagement constitue un devoir pour la Société.

Et si nous n'acceptons pas le projet de M. Peulevey, basé sur ce principe, c'est que nous croyons que tout en faisant contribuer l'Etat à alimenter la Caisse d'Assurances, il faut que les membres de la Société les plus directement intéressés, *patrons* et *ouvriers* aient leur part de *responsabilité* en même temps qu'ils doivent participer pour une part, au versement des fonds de *prévoyance*.

NOTE

A propos des accidents, nous avons lu le compte-rendu de la conférence *mixte*, patrons et ouvriers, qui eut lieu à Paris, à la salle Rivoli, le 16 Avril dernier.

M. Souchet, délégué ouvrier, déclarait « que les patrons » ne devraient pas employer de chauffeurs et de mécani- » ciens, sans que ceux-ci soient reconnus capables d'exer- » cer l'emploi qui leur est confié, attendu que c'est à leur » inexpérience que sont dues, le plus souvent, les explo- » sions des machines qu'ils ont à conduire.

» M. Souchet demandait en conséquence, que tout indus- » triel possédant des machines à vapeur ne puisse occuper, » pour les conduire, que des citoyens possédant *un diplôme* » *de capacité* délivré après examen par les soins des » Chambres syndicales professionnelles, en présence de » 2 gardes-mines, 2 ingénieurs civils et 3 membres des » syndicats ouvriers. »

Ce vœu nous paraît très sage et nous nous y rallions sincèrement, c'est aux Chambres syndicales à en poursuivre la réalisation.

Cependant, nous aimerions mieux les Commissions d'examen ainsi composées :

1 Garde-mines ;
2 Patrons ;
2 Ouvriers.

On pourrait aussi organiser, sous le patronage des Chambres syndicales, des cours de chauffage tels que ceux faits à Paris par notre excellent collègue, M. Bougarel, Secrétaire de la Chambre syndicale des Mécaniciens, Chaudronniers et Fondeurs, et par M. Testud de Beauregard.

De plus, un concours a eu lieu au Conservatoire national des Arts et Métiers, en Avril et Mai derniers, entre vingt chauffeurs auditeurs de ce cours : ce concours, d'après le rapport de M. Bougarel, a donné de b[illegible]sultats, il a été « instructif, intéressant et utile. »

LIVRE IV

LA JUSTICE COMMERCIALE

LIVRE IV

LA JUSTICE COMMERCIALE

CHAPITRE Ier

Tribunaux et Chambres de Commerce

La magistrature consulaire est sans contredit celle qui a été établie sur les bases les plus sages, mais elle réclame des réformes qu'il est temps de réaliser.

Issue du principe électif, la Magistrature commerciale a une valeur indiscutable ; les affaires n'ont rien à voir avec les questions de parti, et les jugements sont rendus par des hommes compétents.

Il est même regrettable de voir les affaires commerciales, jugées par des hommes spéciaux, aller *en appel* devant la justice *civile*, dont les membres, ainsi que nous l'écrivait récemment le Président d'une Chambre syndicale de Marseille, peuvent être très savants en *droit*, « mais sont aux antipodes des questions commerciales et industrielles. »

Mais ce n'est pas parce qu'une institution a du bon qu'il faut la croire parfaite.

Par qui sont élus les membres des tribunaux de commerce?

La loi dit : « par une assemblée composée de « commer-» çants *notables*, et principalement des chefs des maisons » les plus anciennes et les plus recommandables par la » probité, l'esprit d'ordre et d'économie. »

Nous connaissons bon nombre de commerçants et d'industriels qui ignorent les conditions requises pour être électeur consulaire.

Qu'est-ce qu'un *notable commerçant ?* Voilà un mot qui nous rappelle le fameux dictionnaire renvoyant le lecteur de page en page, d'un mot à un autre, avec la mention : » Voyez ce mot. »

Qu'est-ce qu'un *notable ?* c'est celui qui est électeur consulaire. Que faut-il faire pour être électeur consulaire? Il faut être *notable !*

Voilà une façon d'éclairer les gens !

Il est vrai que le législateur a ajouté : « et principalement « les chefs des maisons les plus anciennes et les plus recom-« mandables par la probité, l'esprit d'ordre et d'économie. »

Les maisons les plus anciennes ?

Nous en doutons, et pour cause ; nous connaissons des industriels établis depuis plus de 25 ans, qui ne sont pas *notables*.

Quant à l'esprit d'ordre et d'économie, c'est un peu vague, et sans être trop méchant, nous n'hésitons pas à déclarer qu'il y a pas mal d'électeurs consulaires, qui ne laissent rien à envier en tant qu'esprit d'ordre et d'économie.

Mais nous nous demandons comment, alors que pour être électeur pour les Conseils des Prudhommes, il faille avoir *cinq* années de patente, il suffise, pour avoir le droit d'élire les juges des tribunaux de commerce, de posséder « l'esprit d'ordre et d'économie. »

Ce n'est un secret pour personne, que pour voir **N. C.** au bout de son nom dans l'Annuaire, il n'est besoin, le plus souvent, que d'être dans les papiers de la Commission chargée d'établir les listes : voilà tout « l'esprit d'ordre et d'économie. »

Nous nous sommes livré à un petit travail consistant au dénombrement par professions de tous les patentés du Havre. Nous avons aussi recherché combien dans ces diverses professions, il y avait de *notables*, de membres du Tribunal et de la Chambre de Commerce.

Voici le résultat de notre travail :

PROFESSIONS	Nombre de Patentés	Nombre de N. C.	MEMBRES au Tribunal de Commerce	MEMBRES à la Chambre de Commerce
Négociants, Armateurs, Banquiers, Assureurs Courtiers, etc.	500	300	11	16
Industriels, Fabricants, Entrepreneurs, etc.	1,000	100	0	2
Commerçants, gros, demi-gros, détail, Boutiquiers, etc.	4,500	200	0	0

(1)

De ce résumé, on peut tirer plus d'un enseignement ; on remarque tout d'abord que, s'il faut en croire la Commission chargée d'établir les listes électorales, « l'esprit d'ordre et d'économie » se trouve principalement dans la classe des patentés qui se livrent surtout à la *spéculation*.

(1) Nous avons arrondi les chiffres, afin de nous écarter le moins possible de la vérité, quelques patentés exercent plusieurs branches de Commerce ou d'Industrie — peut-être avons nous commis quelques erreurs — nous ne pensons pas, cependant, que nos chiffres soient faux.

N'est-il pas ridicule qu'une catégorie de patentés comprenant 500 membres ait 300 *notables* et la presque totalité des fonctions consulaires, alors que 5,500 industriels et commerçants n'ont que *deux* voix à la Chambre de Commerce et *pas une* au Tribunal.

C'est le *nec plus ultra* de l'arbitraire !

Il se peut que l'on trouve des hommes très-capables dans les 500 armateurs, banquiers, gros négociants, etc., et que les hommes supérieurs soient plus rares dans les 5,500 autres patentés, mais doit-on conclure que ces 5,500 individus sont des nullités ?

En quoi un négociant qui saura perdre deux millions sur les cotons ou les blés sera-t-il plus capable, plus intelligent, plus économe que tel industriel qui aura *inventé*, créé, quelque chose, et que tel boutiquier qui amassera des rentes en 25 ou 30 ans ?

N'est-il pas plus intelligent d'établir le plan d'une machine nouvelle que d'inventer le décimètre longue soie ?

Mystère !!!...

Nous croyons, nous, qu'il serait juste et sage d'établir le suffrage universel pour tous les patentés.

Un projet de loi en ce sens a été voté par la Chambre des Députés ; voilà *deux ans* qu'il est entré au Sénat, il faut espérer qu'il en sortira quelque jour !

Il est vrai que les jours sont si courts au Luxembourg !..

N'a-t-on pas vu nos Sénateurs consacrer *trois* séances à l'élection de leur bureau ?

Et quand nous voyons dans le compte-rendu analytique que le Sénat est entré en Séance à 2 h. et que tout était terminé à 2 h. 35, nous ne pouvons, sans vouloir rééditer la scie des vingt-cinq francs, nous empêcher de constater que nos sénateurs gagnent leur argent plus facilement que beaucoup d'industriels et de commerçants.

L'activité sénatoriale nous remet en mémoire la petite anecdote que voici :

Il y avait autrefois dans un grand port de mer, un avocat

célèbre qui était chargé d'une affaire très délicate et très embrouillée ; cette affaire ne pouvait avoir de solution, on renvoyait le dossier de Caïphe à Pilate, c'étaient expertises sur expertises, etc.

Notre grand avocat abandonna un beau jour le Palais pour aller planter des choux à la campagne, laissant son cabinet à son fils, également avocat. Un beau matin, le fils courut auprès de papa lui annoncer une excellente nouvelle: la grrrande cause avait été plaidée et gagnée en un jour, c'était enlevé à la baïonnette !

Contrairement à l'attente du nouveau Rodrigue, papa se mit en colère : « Imbécile, dit-il à son fils, tu viens de gagner une cause avec laquelle je te nourrissais depuis dix ans ! »

Nos Sénateurs sont un peu comme le vieil avocat !.....

....

La Commission sénatoriale avait tout d'abord accepté le projet de loi voté par la Chambre, sauf modifications de détail.

L'Art 1er était modifié en ce sens que tous les membres des Sociétés en nom collectif seraient électeurs et éligibles, alors que la Chambre ne donnait ce droit qu'au premier en nom.

Il nous paraît naturel que tous les membres d'une Société en nom collectif soient électeurs et éligibles, à la condition toutefois, que deux membres d'une même maison ne puissent en même temps faire partie de la Chambre ou du Tribunal de Commerce.

Lors de la discussion devant le Sénat, M. Dauphinot a présenté un amendement tendant à faire élire les membres des Chambres de Commerce « par tous les commerçants » patentés qui se trouvent chaque année désignés par la » loi comme devant contribuer à l'entretien des Bourses et » des Chambres de Commerce et qui paient l'impôt établi » à cet effet proportionnellement à l'imposition de leur » patente. »

Les membres des Chambres consultatives des Arts et Manufactures seraient élus par le même corps électoral.

M. Le Bastard a combattu avec raison cet amendement, disant « que le Sénat ne saurait l'admettre sans se déjuger, » puisqu'il a décidé qu'il fallait supprimer l'aristocratie » commerciale et donner les mêmes droits à tous les com- » merçants patentés. Autant vaudrait rétablir le cens. »

Finalement, le projet de loi a été renvoyé à la Commission (nous allions dire aux calendes grecques).

Il nous faut le suffrage universel de tous les patentés.

Nous exigerions seulement les garanties suivantes :

1° Trois ans de patente.

2° Aucun effet protesté (nous ne voudrions pas qu'un homme qui laisse protester sa signature, pût être admis à désigner ses juges ou ceux des autres).

Le suffrage universel des patentés nous suggère une réflexion.

La première catégorie qui figure au tableau que nous avons donné plus haut, risquerait fort de se voir évincer; or, on ne peut nier que les armateurs et les négociants ont des intérêts primordiaux dans les affaires; par leurs connaissances, par leurs relations à l'étranger, le séjour de quelques-uns au dehors de la France, etc. pour ces diverses raisons, les armateurs et négociants peuvent rendre des services incontestables au pays. Les *gros* ont pris tant d'agrément à évincer les *petits* que ceux-ci pourraient bien se payer de représailles ; mais nous ne souhaitons pas qu'il en soit ainsi.

Si nous nous plaignons de l'arbitraire, il ne faut pas le remplacer par une injustice qui serait en même temps une maladresse.

D'un autre côté, parmi les 4,500 commerçants du Havre, on trouve un nombre véritablement effrayant de cafetiers et débitants. (1)

Il ne faut pas que la Chambre de Commerce et le Tribunal

(1) Les débitants de boissons à eux seuls sont plus nombreux que les boulangers, bouchers et épiciers réunis.

de Commerce soient composés en majeure partie de marchands de vin ou d'alcool.

Nous voudrions que le nombre des membres des Chambres et Tribunaux de Commerce fut fixé pour chaque catégorie de patentés.

Les Armateurs, Négociants, Banquiers, etc., d'une part, les Industriels, Fabricants, Entrepreneurs, etc., d'autre part, et enfin, les Commerçants, devraient avoir chacun le tiers des assemblées consulaires.

De cette façon, toutes les branches de commerce et d'industrie seraient représentées et le seraient équitablement.

Nous croyons aussi qu'il serait bon d'admettre les Employés de Commerce comme électeurs et éligibles au Tribunal de Commerce, puisqu'ils sont soumis, dans certains cas, à cette juridiction.

Il y a des hommes qui sont porteurs de procuration depuis 25 ou 30 ans et qui n'ont pas, paraît-il, « l'esprit d'ordre et d'économie » que l'on rencontre chez un courtier, établi depuis un an, mais qui a la bonne fortune de faire la plus grande partie des affaires de spéculation de M. ***

Nous ne comprendrons jamais cela !

CHAPITRE II

Tribunaux de Paix consulaires

La Chambre syndicale des *Négociants-Commissionnaires* de Paris propose la création de *Tribunaux de paix consulaires.*

Un Tribunal serait institué au siège de chaque Tribunal de Commerce, les Juges de paix consulaires devraient être choisis parmi les membres du Tribunal de Commerce, en fonctions depuis deux ans au moins.

La compétence des Juges de paix consulaires devrait, quant à la valeur des affaires, être égale à celle des Juges de paix civils.

Contrairement à l'Art. 49 du Code de procédure civile toutes les demandes en matière de commerce, sauf celles qui requièrent célérité, seraient soumises aux préliminaires de conciliation devant le juge de paix consulaire, dût même cette mesure nécessiter l'augmentation du nombre des membres de certains Tribunaux de Commerce.

Telle est la proposition du Syndicat des Négociants-Commissionnaires.

En 1858, M. Al. Compagnon réclamait déjà la création d'une justice de paix consulaire.

Dans son ouvrage déjà cité (1), M. Compagnon fait ressortir les avantages des justices de paix dans la juridic-

(1) *Les classes laborieuses.*

tion civile, entr'autres, économie de temps et de frais, ce qui n'a pas lieu en matière commerciale.

C'est pourquoi M. Compagnon réclamait « l'institution » de juges consulaires de premier degré, juges *de conci-* » *liation*. Leur compétence pourrait être élevée sans incon- » vénient jusqu'à la connaissance des affaires qui atteignent » le chiffre de 199 fr. sans appel ; et, pour ne pas embar- » rasser la procédure d'un rouage de plus, on ne soumettrait » à cette juridiction que les demandes n'excédant pas ce » chiffre de 199 fr. ; les demandes supérieures seraient » portées, *de plano*, devant le Tribunal de Commerce.

» On ne se rend pas compte pourquoi le commerce est » privé du bénéfice préliminaire de conciliation. (1)

» Cette mesure, si elle était adoptée, aurait encore le » double avantage, de débarrasser les audiences qui sont » généralement par trop surchargées et d'éviter beaucoup » de renvois devant arbitre, nécessités par le peu de temps » qu'il est possible d'accorder à chaque affaire ; on accélè- » rerait ainsi la procédure et l'on diminuerait les frais.

» Si notre projet était pris en considération, dit en » terminant M. Compagnon, il faudrait nécessairement » augmenter le nombre des membres des Tribunaux de » Commerce. Nous croyons que les juges appelés à ces » nouvelles fonctions devraient être choisis exclusivement » parmi les anciens juges, pour que l'autorité de leur » expérience fût à la hauteur de leur mission.

» Ce complément de la justice consulaire produirait un » bien immense, surtout pour le petit commerce. »

Nous croyons aussi que les Tribunaux de paix consulaires seraient appelés à rendre de réels services au commerce.

Nous souhaitons, nous l'avons dit déjà, que les commerçants s'habituent à accepter l'arbitrage des Chambres syn-

---

(1) En écrivant cela, M. Compagnon oubliait que si toutes les affaires étaient conciliées, les marchands de papier timbré seraient obligés de fermer boutique.]

dicales, plutôt que de se laisser entraîner à des procès irritants, sans profit pour personne, sauf pour les hommes de loi.

Mais cette mesure peut, pour différentes raisons, ne pas devenir générale et absolue.

Aussi, verrions nous avec plaisir l'institution de ces Tribunaux de paix consulaires, sur les bases proposées par la Chambre syndicale des Négociants-Commissionnaires.

CHAPITRE III

Chambres de Travail

On propose la création de *Chambres de travail* analogues pour les ouvriers, aux Chambres de Commerce et aux Chambres consultatives d'Arts et Manufactures pour les commerçants et les industriels.

Ces Chambres seraient créées par décret du Président de la République, sur rapport du Ministre du Commerce ; elles se composeraient de neuf membres au moins et de vingt-et-un au plus.

Les conditions d'éligibilité seraient : vingt-cinq ans d'âge, cinq ans d'exercice de la profession représentée à la Chambre et ne pas avoir encouru l'une des condamnations énumérées dans l'art. 15 du décret du 2 Février 1852.

Le Bureau serait composé de : un Président, un Vice-Président, un Secrétaire, un Trésorier.

Les fonctions des Membres dureraient trois ans et seraient purement honorifiques ; il y aurait cependant des jetons de présence.

Les Chambres de travail seraient reconnues établissement d'utilité publique et correspondraient avec le Ministère du Commerce ; elles pourraient être consultées par le gouvernement sur toutes les questions économiques intéressant l'industrie et le travail, et pourraient être appelées à administrer les établissements créés dans l'intérêt du travail.

Nous nous demandons si cette institution est vraiment nécessaire, et nous préférerions voir donner aux Chambres syndicales ouvrières les attributions qu'on propose pour les Chambres de travail.

Dans sa séance du 5 Mai 1882, la *Chambre syndicale parisienne du Papier et des Industries qui le transforment*, s'est occupée de cette question.

M. Havard, Président honoraire, s'est déclaré adversaire de la création proposée, il a rappelé le mot de M. V. Duruy sur les rapports du capital et du travail :

« L'Etat n'y peut rien, c'est chose à discuter entre patrons » et ouvriers. »

Et, ajoutait M. Havard, « c'est ce que la Chambre du » Papier a compris en fondant avec la Chambre syndicale » des ouvriers papetiers-régleurs, un *Conseil syndical* » *mixte*.

» Les syndicats professionnels feront cette œuvre.

» Ce n'est pas un rêve chimérique, car pour peu qu'on y » réfléchisse, on comprend vite que le patron étant un » auxiliaire aussi utile à l'ouvrier que l'ouvrier est un » auxiliaire nécessaire au patron, ils ont l'un et l'autre » tout à gagner à vivre en bonne intelligence et beaucoup » à perdre à vivre dans la discorde. »

D'un autre côté, M. Depasse-Laridan disait dans le journal de l'*Union nationale du Commerce et de l'Industrie*, numéro du 9 Septembre 1882 :

» Quelques conseillers municipaux de Paris ont bien » justement pensé que, parallèlement à l'institution des » Chambres de Commerce il était de toute justice que le » parti ouvrier dût être officiellement consulté par les » pouvoirs publics.

» MM. Villard, Cusset et Thulié ont cru trouver dans les » Chambres de travail un moyen de participer à l'entente » des deux parties : *employeurs* et *employés*.

» Peut-on raisonnablement penser que l'entente ferait » un pas de plus par la fondation de Chambres ouvrières » dont on forcerait les patrons à alimenter les budgets ?

» Peut-on raisonnablement penser que l'entente ferait » un pas de plus parce que les questions intéressant les » deux parties seraient étudiées dans les deux camps avec » un esprit absolument différent, pour ne pas dire opposé ?

» Les réponses à ces deux questions ne peuvent être que » négatives. »

M. Depasse-Laridan se plaint qu'on ne parle que des ouvriers et non des *employés de commerce*, et, en résumé, conclut à la transformation des Chambres de Commerce en Chambres *mixtes*, composées mi-partie d'*employeurs* élus par des *employeurs*, et mi-partie d'*employés* de toutes catégories (ouvriers et employés) élus par des *employés*, ne pouvant nommer que des *employés*.

Les listes électorales serviraient en outre :

Pour les employeurs : aux élections consulaires et aux Prud'hommes ;

Pour les employés : aux Prud'hommes, pour les ouvriers; et aux Tribunaux de commerce, pour les employés.

En somme, on pense généralement que les Chambres de travail feraient double emploi avec les Chambres syndicales et on leur préfère les Chambres de Commerce *mixtes*.

Pour nous, nous le répétons, nous nous demandons si les Chambres de travail sont vraiment nécessaires, et nous avons tellement foi en l'avenir des *Chambres syndicales*, leur rôle étant bien déterminé, leur fonctionnement régulier et leurs membres rivalisant de zèle, d'activité et de sincérité à l'étude de toutes les questions intéressant le travail, pour cette raison, disons-nous. nous aimerions mieux voir abandonner l'idée des Chambres de travail et donner une grande autorité aux Chambres syndicales, dont les membres devraient alors se mettre résolûment à l'œuvre.

Les Chambres de commerce pourraient se renseigner auprès des syndicats professionnels pour toutes les questions importantes et d'intérêt général.

Quant aux Chambres de commerce *mixtes*, si leur utilité est reconnue, nous ne demandons pas mieux que de nous y rallier.

En ce qui concerne les Tribunaux de commerce, nous l'avons dit, nous partageons l'avis de M. Depasse-Laridan, les employés de commerce devraient eux aussi y être représentés; puisqu'ils peuvent y être appelés comme *justiciables*, il faut qu'ils y soient comme *juges*, nous n'admettons pas la justice pour les uns au détriment des autres.

CHAPITRE IV

Les Conseils de Prud'hommes

L'origine des Conseils de Prud'hommes remonte à une époque très ancienne.

Nous emprunterons, à ce sujet quelques renseignements à l'aperçu historique du Code pratique de M. Th. Sarrazin : (1)

« Dans le principe, dit M. Sarrazin, le mot prud'homme, » *homo prudens*, était employé pour désigner les juges, » les experts et les officiers municipaux. En l'an 1296, sous » le règne de Philippe le Bel, le conseil de la ville de Paris » prit une délibération portant création de 24 prud'hommes » dont les fonctions consistaient à accompagner le prévôt » des marchands et les échevins dans leurs visites chez les » maîtres. Les bourgeois de la ville de Lyon furent auto» risés, par un édit donné à Nogent-le-Roi, le 29 Avril 1464, » à nommer un prud'homme pour terminer les différends » entre les marchands et les fabricants fréquentant les » foires.

» Plus tard, une institution appelée *tribunal commun* » fut établie à Lyon ; la mission de ce tribunal consistait à » régler amiablement les difficultés qui s'étaient élevées » entre les fabricants de soieries et leurs ouvriers.

» Après l'abolition des corporations d'Arts et Métiers par » la loi du 2 Mars 1791, on reconnut la nécessité de réprimer

(1) *Code pratique des Prud'hommes*, Paris 1880

» les abus nés de la liberté illimitée du commerce et de » l'industrie, et tout en conservant intactes les conquêtes » de la Révolution, l'on chercha à régler d'après les prin- » cipes de la justice et de l'équité les rapports des fabricants » et des ouvriers. C'est dans ce but que fut créée la loi du » 21 germinal an XI. Cette loi, après avoir autorisé l'éta- » blissement de Chambres consultatives des Manufactures, » Arts et Métiers, punit de l'amende et de l'emprisonnement » toute coalition entre ceux qui font travailler des ouvriers, » tendant à forcer abusivement ou injustement l'abaisse- » ment des salaires, et toute coalition de la part des » ouvriers pour faire cesser en même temps de travailler, » interdire le travail dans certains ateliers, empêcher de » s'y rendre, etc.

» L'Art. 19 de cette loi décide que toutes les affaires de » simple police entre les ouvriers et apprentis, les manu- » facturiers, fabricants et artisans seront portées à Paris » devant le préfet de police ; devant les commissaires » généraux dans les villes où il y en a d'établis et dans tous » les autres lieux devant le maire ou l'un des adjoints. Cet » état de choses laissait évidemment beaucoup à désirer, » mais la loi du 18 Mars 1806 réalisa un nouveau progrès, » en posant les bases définitives de l'institution du conseil » des prud'hommes. Bien que cette loi ne concerne que la » ville de Lyon, le gouvernement pouvait néanmoins » établir, par un règlement d'administration publique » délibéré en conseil d'Etat, des conseils de prud'hommes » dans les autres villes de fabrique (Art. 34).

» Deux autres décrets ayant force de loi ont développé » et agrandi l'institution des prud'hommes ; l'un de ces » décrets est du 11 Juin 1809 ; il a été publié de nouveau » et rectifié par suite d'un avis du Conseil d'Etat le 20 » Février 1810 ; l'autre est du 3 Août 1810. »

Toutes ces lois restèrent en vigueur jusqu'en 1848, époque à laquelle les conseils des prud'hommes furent réorganisés sur des bases entièrement nouvelles.

Les ouvriers furent dès lors admis dans les Conseils.

D'après le décret du 27 Mai 1848, sont électeurs : « Tous » les patrons, chefs d'atelier, contre-maîtres, ouvriers, » compagnons âgés de vingt-et-un ans, et résidant depuis » six mois dans la circonscription du conseil des prud'hom» mes »

Sont éligibles : « Tous les patrons, chefs d'atelier, contre» maîtres, ouvriers, compagnons âgés de vingt-cinq ans, » sachant lire et écrire, et domiciliés depuis un an dans la » circonscription du conseil. »

Ces conditions furent modifiées par la loi du 1er Juin 1853, d'après laquelle sont électeurs :

1° Les patrons âgés de vingt-cinq ans accomplis et patentés depuis cinq années au moins, et depuis trois ans dans la circonscription du conseil ;

2° Les chefs d'atelier, contre-maîtres et ouvriers, âgés de vingt-cinq ans accomplis, exerçant leur industrie depuis cinq ans au moins, et domiciliés depuis trois ans dans la circonsciption du conseil.

Sont éligibles : les électeurs âgés de trente ans accomplis et sachant lire et écrire.

L'institution des Prud'hommes est certainement très-utile pour le monde du travail, mais elle réclame des modifications. (1)

Ainsi, l'article 29 du décret de 1809 dit que « tout mar» chand-fabricant, tout chef d'atelier, tout contre-maître, » tout teinturier, tout ouvrier, compagnon ou apprenti, » appelé devant les prud'hommes sera tenu de s'y rendre » *en personne*, hors le cas d'absence ou de maladie: auquel » cas il pourra se faire représenter *par l'un de ses parents*, » *négociant ou marchand exclusivement*, porteur de sa » procuration. »

En d'autres termes, on ne peut se faire représenter que *par un parent patenté*.

---

(1) Combien, cependant, ne préférerions-nous pas les Commissions syndicales *mixtes* aux Conseils des Prud'hommes.

S'imagine-t-on un ouvrier dans l'obligation de se faire représenter par un *parent patenté !*

Pour les patrons, cela se conçoit à la rigueur, mais pour les ouvriers, c'est d'autant plus inadmissible qu'il est le plus souvent difficile de satisfaire à cette exigence du décret de 1809.

Mais, on le sait, les conseils de prud'hommes passent naturellement par dessus l'art. 29, et autorisent même les patrons à se faire remplacer par leurs contre-maîtres ou employés.

Eh bien, il y a actuellement dans le conseil du Havre, un conflit qui est né de ce que la fraction ouvrière a voulu que les patrons ne soient plus autorisés à se faire représenter; « il faut suivre la loi, » a-t-on dit.

Ce à quoi l'autre fraction du conseil a répondu en exigeant que les ouvriers malades ne se fissent représenter que par un parent *patenté*.

C'était dur, mais c'était logique ! « Il fallait suivre la loi ! »

Le même décret de 1809 dit que le conseil doit, pour pouvoir siéger, être composé par moitié d'ouvriers et de patrons, plus le Président (et de cinq membres au moins).

Or, il arrive fréquemment qu'un prud'homme ouvrier s'établit et devient patron, mais il continue à siéger comme ouvrier.

Le fait s'est produit au Havre, et une démission a été exigée pour ce motif.

Le plus curieux est que celui qui a réclamé cette démission était précisément dans le même cas.

La Préfecture de la Seine-Inférieure n'en a pas tenu compte et a exigé la démission de l'un et non de l'autre.

De là, rupture et conflit dans le Conseil, démission en masse de cinq ou six conseillers patrons.

Les démissionnaires sont réélus, ils redémissionnent, et les choses se passeront ainsi tant que satisfaction n'aura pas été accordée aux démissionnaires et à leurs électeurs.

Il semble que les membres non-démissionnaires aient pris à tâche de jongler avec la loi. (Eux qui voulaient la suivre ! !)

En effet, le Conseil doit, avons-nous dit, être composé par moitié de patrons et d'ouvriers, plus le Président. Or, il ne reste plus dans le Conseil du Havre, que *deux* patrons.

Mais on ne s'inquiète pas pour si peu, le Président, comme Guzman, ne connaît pas d'obstacles ; il siège comme patron et se fait remplacer au fauteuil par le Vice-Président.

Fort heureusement, on s'est lassé de ce croc-en-jambe à la loi, et le Tribunal de Commerce a décidé (et on lui fournira encore l'occasion de le faire) que le Président ne pouvait se faire remplacer par le Vice-Président qu'en cas d'absence ou de maladie.

La question en est là : on attend avec impatience qu'il plaise aux autorités compétentes de mettre fin au conflit.

Parmi les modifications que réclame la législation des Conseils de Prud'hommes, il faut mettre en première ligne l'abrogation de l'art. 29 du décret de 1809.

Il faut aussi modifier cette disposition qui empêche un prud'homme ouvrier, devenu patron, de siéger comme ouvrier ; car enfin, voilà un ouvrier élu prud'homme, demain il s'établit, il n'est ni électeur ni éligible ! il lui faut pour cela avoir *cinq ans* de patente !

Tandis qu'un patron, électeur et éligible, peut liquider son entreprise, se faire ouvrier, et à ce titre, être électeur et éligible.

Il y a là une anomalie qu'il faut faire disparaître.

Nous verrions aussi avec plaisir les élections se faire au scrutin de liste, ce serait le seul moyen d'obtenir des Conseils homogènes.

La Chambre des Députés est saisie d'un projet de loi voté par le Sénat, accordant le droit électoral aux associés en nom collectif, patentés ou non, âgés de 25 ans, exerçant depuis cinq ans une profession assujettie à la contribution des patentes et domiciliés depuis trois ans dans la circonscription du Conseil.

Cela ne suffit pas, nous venons de voir qu'il y a d'autres réformes à faire.

Les Conseils d'Armentières, de Lille et d'Angers, ont aussi leur conflit.

Les patrons ont démissionné, le Président élu étant un prud'homme ouvrier.

Ces Conseils sont donc dans l'impossibilité de fonctionner.

Quelques journaux annoncent que le Gouvernement, ému de cet état de choses, se propose de présenter au Parlement une loi qui autoriserait le fonctionnement d'un Conseil de Prud'hommes, dans le cas où un incident viendrait entraver la marche des affaires, comme cela a lieu en ce moment à Lille, Angers et Armentières.

Allons !. . on veut encore aller trop vite de ce côté-là !

Nous ne connaissons pas exactement le motif des démissions des prud'hommes patrons de Lille, Angers et Armentières. Si ce motif n'est autre que l'élection d'un ouvrier à la Présidence, les patrons ont tort.

Mais il n'y a pas que les conflits de ces trois conseils, il y a aussi celui du Havre.

Que nos législateurs ne l'oublient pas, ce serait rendre la loi et la justice dérisoires que de décider que le Conseil statuera quand même ! (1)

(1) Pendant que ces lignes étaient sous presse, l'Administration a fait procéder à de nouvelles élections au Havre, tous ou presque tous les démissionnaires ont été réélus. Le Président a enfin donné sa démission. Il faut espérer que nous allons bientot obtenir satisfaction.

LIVRE V

QUESTIONS DIVERSES

LIVRE V

QUESTIONS DIVERSES

I

Les Expositions

Depuis quelque temps, on se demande si les expositions trop fréquentes ne sont pas nuisibles à la prospérité des affaires, et si celles qui se sont succédées en France ne sont pas la cause ou l'une des causes de la crise que nous traversons.

En un mot, les expositions favorisent-elles oui ou non la concurrence étrangère ?

Quelques esprits absolus disent même que les expositions ne sont pas plus propres au perfectionnement de l'industrie que les courses de chevaux ne sont favorables à l'amélioration de la race chevaline.

Cette assertion est certainement exagérée.

C'est à la France que revient l'honneur de la première exposition.

La grande Révolution, qui fit tant de choses, pensa, après avoir proclamé la liberté du travail, qu'il y aurait un intérêt très grand pour les industriels, à réunir dans un même local tous les produits du travail.

La première exposition eut lieu à Paris en l'an VI, et fut admirablement organisée par François de Neufchâteau; diverses expositions suivirent, en l'an IX, puis en 1834, 1839 et 1844.

L'exposition de 1849 ajouta aux produits industriels, les productions agricoles et celles de l'Algérie et de nos colonies.

Jusque-là, les expositions étaient purement *nationales*.

L'Angleterre fit faire un pas à ces institutions, en organisant au Palais de Cristal, en 1851, une exposition *internationale*.

Depuis lors, le grand attrait a été les grandes exhibitions de ce genre, autrement dit, les expositions *universelles* : Paris, 1855; Londres, 1862; Paris, 1867; Amsterdam, 1869; Vienne, 1873 ; St-Pétersbourg, 1875 ; Philadelphie, 1876 ; Paris, 1878, où la France, au lendemain de ses désastres, se montra aux yeux de l'Europe étonnée, ce qu'elle n'a jamais cessé d'être, grande et *vivante*.

Cette merveille de 1878 a été certainement la plus puissante manifestation qui ait jamais été faite ; et l'exposition de Paris a eu un éclat que n'ont pas atteint celles qui lui ont succédé : Sydney, 1879 ; Amsterdam, 1883.

Plusieurs villes de France ont eu aussi leurs expositions, soit internationales, soit *régionales* : Bayonne, 1864 ; Le Havre, 1868 ; Lyon, 1872 ; Bordeaux, 1869 ; Tours, 1881 ; Blois, 1882 ; Caen, 1883 ; et...... Nice, 1883-84 ; l'année prochaine ce sera le tour de Rouen.

Sans condamner les expositions *universelles*, on ne peut nier qu'il y ait un certain danger à livrer nos modèles à l'étranger, et que certaines industries aient souffert de cet exhibition au grand jour.

Peut-être faut-il attribuer à cela le fait qui se produit aujourd'hui : on se montre plus disposé à exposer des plans, des photographies que les machines elles-mêmes.

On cherche dans les expositions plutôt la *réclame* que l'étude, l'examen et le succès moral.

M. P. Larousse dans son *Dictionnaire du XIXe siècle*, dit que lors de la première exposition, la France « n'hésita » pas à octroyer largement à tous ce qu'elle produit de « beau et d'utile. »

Il ne faut pas exagérer ce sentiment, qui résume la théorie du laisser-faire, c'est-à-dire le principe de « faire les affaires des autres. »

En matière commerciale et industrielle, la générosité est un mot que l'on ne connaît pas, ou que l'on connaît peu ; il y a beaucoup plus d'égoïsme dans les affaires, égoïsme qui ne doit pas être personnel, mais qui doit se traduire par le *patriotisme*.

Lorsque l'égoïsme en arrive là, ce n'est plus un défaut, c'est une qualité, presqu'une vertu.

John Bull qui s'y connaît en cette matière, n'a pas fait d'exposition universelle depuis plus de *vingt ans !*

Cela doit nous donner à réfléchir.

Est-ce à dire que nous repoussons les expositions universelles, non, usons-en, mais n'en abusons pas.

C'est avec joie que nous applaudirons au succès futur de l'exposition de 1889, qui ne le cèdera en rien à ses devancières, parce que, ainsi que le disait l'autre jour le *Petit Journal* « *Paris est toujours la grande capitale* : »

Mais, nous le répétons, les grandes expositions ne doivent pas se suivre de trop près.

Nous ne dissimulerons pas nos préférences pour les expositions *régionales*, nous les voudrions même *locales*.

Oui, nous verrions avec plaisir des expositions *locales* périodiques, tous les 2 ou 3 ans par exemple.

Ces entreprises ouvriraient leurs portes, non seulement aux produits fabriqués, mais aux *modèles*, comme cela se pratique en Angleterre.

C'est la République de 1848 qui a inauguré les récompenses à la collaboration ouvrière.

Il y a plus à faire.

Il faut que nos ouvriers nous montrent de temps à autre leurs propres œuvres, les conceptions de leur intelligence, il faut qu'ils donnent la mesure de leur talent et de leurs connaissances professionnelles.

Ainsi comprises, les expositions locales deviendraient des sujets d'études intéressantes et productives.

Le savoir professionnel, l'aptitude, les goûts, les idées de nos auxiliaires, tout serait mis en œuvre.

Il y aurait de l'émulation chez les travailleurs : ce serait un grand bien.

Les ouvriers auraient aussi leur *salon*.

Le résultat ne nous paraît pas douteux.

II

La Concurrence Etrangère

Le commerce et l'industrie de la France traversent une crise, et une crise sérieuse, on ne peut le nier.

De toutes parts, on ne recueille que des plaintes : les ateliers et usines ont peu de commandes, et les exportations diminuent.

A quoi tient ce malaise ? A plusieurs causes.

La guerre de 1870-71 nous a paralysés pendant un certain laps de temps, durant lequel les étrangers ont usé et abusé de la situation.

On a copié nos modèles, nos dessins, nos marques, etc. ; on nous a tout enlevé.

Il nous reste bien le tour de main, l'habileté, le cachet artistique qui forment la supériorité de l'industrie française sur tous ses concurrents ; mais cela ne suffit pas.

Les produits perfectionnés auront toujours une suprématie sur les travaux inférieurs, mais pour que ceux-là luttent avantageusement avec ceux-ci, il faut que les frais de fabrication soient réduits à leur plus simple expression : il faut diminuer la main-d'œuvre.

Or, tandis que nos rivaux amélioraient leur outillage, nous ne faisions rien ; tandis que les étrangers luttaient avec ardeur et travaillaient sans relâche, nous nous sommes épuisés en querelles stériles : nous avons perdu notre temps.

La main-d'œuvre coûte plus cher en France que partout ailleurs.

Pendant que nos adversaires rivalisent d'ambition patriotique pour détrôner notre pays de sa situation économique, nos ouvriers se laissent mener par quelques fous ou quelques agents dangereux ; les salaires augmentent et la production diminue.

Plus on demande d'argent, moins on donne de travail.

C'est ce qui explique pourquoi la plupart des ouvriers ne veulent plus travailler *aux pièces* et préfèrent le salaire à *l'heure.*

Pour prouver que nous n'exagérons pas en disant que les ouvriers ne produisent pas en proportion de leur gain, nous citerons un fait entre mille.

Un de nos amis avait embauché un ouvrier qu'il payait 80 centimes de l'heure, soit 8 francs par jour.

Le patron, voyant que l'ouvrier ne produisait pas suffisamment, résolut de le faire travailler aux pièces ; ce qui fut accepté, non sans résistance.

Eh bien, cet ouvrier, travaillant aux pièces, c'est-à-dire à son corps défendant, gagnait *quatre francs* par jour.

Le patron perdait donc 50 0/0 sur la main d'œuvre !

Est-il possible de lutter dans de telles conditions ?

L'ouvrier est-il insouciant ou déloyal ?

Quoiqu'il en soit, le résultat est invariablement celui-ci : tous les travaux coûtent trop cher en France.

Aussi, les armateurs français font construire et réparer leurs navires a l'étranger, l'Etat et les grandes administrations laissent passer la frontière à leurs commandes, et notre or s'envole !

Nous laissons nos poches à la merci de nos adversaires qui y puisent à qui mieux mieux.

Ouvriers, n'écoutez plus ces théories subversives dont on vous accable ; cherchez à améliorer votre condition, mais n'oubliez pas que plus vous travaillerez plus vous aurez de gain, et que, par conséquent, chaque augmentation de salaire doit être justifiée par un surcroît de production.

« Tous les ouvriers de la pensée, insensés et révélateurs, » tous sont utiles, dit M. Raybaud, car au creuset du temps, » la gangue se dégage et l'or reste. » (1).

Espérons qu'il en sera ainsi, et que la foi punique disparaîtra de nos querelles intérieures, et que tous les travailleurs se rallieront sous le même fanion, celui de l'ordre et du travail.

Peut-être alors verrons-nous se réaliser la prophétie de M. Léon Say, qui, au commencement de l'année courante, nous annonçait « l'ouverture prochaine d'une période de » prospérité industrielle et financière. » (2)

Mais nous ne devons pas nous contenter de travailler chez nous, il faut que nous exportions.

Pour que l'industrie soit prospère, il faut que le commerce le soit, il faut que nous tirions parti de nos colonies, et que nous soyons sérieusement représentés à l'étranger.

On a cru trop longtemps que le rôle des consuls se bornait à aller faire tapisserie dans un salon exotique.

Aussi, nous n'avons eu jusqu'à ce jour pour représentants, que des hommes très-érudits peut-être sur la science héraldique ou sur l'art « de bien se tenir en société », mais qui n'entendent rien aux affaires commerciales.

Un seul négociant, serait plus utile comme consul, que cinquante gommeux, fussent-ils licenciés en droit ou officiers de santé.

Il faut qu'à l'avenir nos représentants aillent à l'étranger non pour ramasser des décorations multicolores, mais des renseignements utiles pour notre commerce et notre industrie.

Nous avons créé des Ecoles supérieures de Commerce, une Ecole des hautes-études, à quoi servent-elles ? Quel est leur but ?

---

(1) *Les Reformateurs contemporains.*

(2) Discours au Banquet de la Chambre de Commerce de Lyon, 28 Mars 1883.

Former des négociants instruits, dit-on.

Mais on ne s'établit pas négociant sans argent, on ne fonde pas une maison sans capitaux.

La plupart des élèves sortant de ces Ecoles sont pris par les Administrateurs, qui ne veulent pas que l'on qualifie leur œuvre d'inutile et stérile.

Ceux qui sont sans relations ont peine à se caser.

Et cela, parce qu'un jeune homme sans fortune, en sortant de l'Ecole de Commerce, à l'âge de 18 ou 20 ans, a besoin de trouver un emploi rémunérateur ; par contre, les négociants prennent de préférence des enfants de 14 ou 15 ans, qu'ils paieront 25 ou 30 francs par mois.

Pourquoi ne préparerait-on pas dans les Ecoles de Commerce ceux qui devront un jour nous représenter à l'étranger ?

La Chambre de Commerce de St-Quentin, a demandé la création de primes, au profit des lauréats de ces Ecoles, qui se destineraient au commerce d'exportation, et qui consentiraient à séjourner, pendant quelques années, dans les contrées lointaines.

Nous applaudissons à ce vœu, et nous avons le ferme espoir qu'il recevra bientôt une sanction efficace de la part du gouvernement.

On parle de nos colonies, d'exportation, mais rarement on se décide à s'expatrier ; le Français a peu de goût pour l'émigration.

Ceux qui ont de la fortune ne sont pas disposés à aller la risquer aux antipodes.

Et, par contre, les jeunes gens, instruits, capables, actifs qui iraient volontiers porter leur travail au-dehors, ceux-là, disons-nous, sont sans capitaux, et hésitent à abandonner la position qu'ils se sont créée en France, pour aller compromettre leur santé et leur avenir dans les régions lointaines, où ils n'auront ni amis, ni appui, ni aide, ni protection.

Nous le répétons, nous préférons l'initiative privée à toute action gouvernementale, mais, quand nous voyons voter des sommes fabuleuses pour aller dîner avec un souverain quelconque, pour aller déchiffrer des hiéroglyphes, ou pour voir si le choléra est réellement en Egypte ; quand nous voyons cela, nous ne pouvons nous empêcher de penser que l'on ferait bien de mettre chaque année quelques billets de banque à la disposition de ceux qui consentiraient à aller au-dehors pour se livrer à des travaux productifs.

Voici à ce sujet, un extrait de la « *France* » du 11 Mai dernier :

« Quand donc en finira-t-on avec les procédés adminis-
» tratifs, et quand pourra-t-on mettre un terme aux lenteurs
» du fonctionnarisme ?

» Nous recevons souvent des plaintes sur ces difficultés
» qui accueillent les demandes de terrains faites par les
» colons émigrants.

» Qu'on juge de cette incurie : un Alsacien, ancien
» militaire d'Afrique, quitte son pays natal où il s'était
» retiré, et demande, au mois de janvier, une concession
» de terrains en Algérie, afin de s'y établir comme colon.
» Le 7 Mai, seulement, l'administration lui renvoie.....
» Pensez-vous que ce soit la concession ? erreur : c'est un
» imprimé pour faire la demande *selon les règles* !

» O admirable routine !

» Pendant ces quatre mois, le malheureux découragé,
« avait pris les devants et était parti.

» A l'heure actuelle, plus de vingt mille demandes sont
» en suspens dans les cartons des ministères ; que penser
» du moyen employé pour faciliter l'émigration dans nos
» colonies ? »

Il faut que toute cette paperasserie disparaisse.

Nous devons reconnaître, cependant, que de grands efforts sont tentés pour développer notre commerce extérieur : création de Chambres de Commerce françaises à l'étranger, organisation du Bureau de renseignements commerciaux, etc.

La création projetée de *Musées commerciaux* est très-utile et très-urgente. Les *Missions commerciales* dont M. E. Lourdelet est le pionnier sont aussi très-bonnes.

Il faut persévérer dans cette voie.

Il faut espérer aussi que le Parlement votera la proposition qu'a présentée l'honorable M. Peulevey, Député du Havre, à la séance du 17 Juillet 1883 et tendant à la modification du sénatus-consulte de 1866 et de la Loi de 1867 sur le régime douanier en Algérie.

L'Empire a livré les marchés de nos colonies aux étrangers, il appartient à la République de les reprendre.

III

Les Livrets d'Ouvriers

On réclame à cor et à cri la suppression des Livrets d'Ouvriers.

La Chambre des Députés a voté cette suppression.

Le Sénat est actuellement saisi de la question.

La Commission sénatoriale, après avoir reproduit les deux premiers articles du projet voté par la Chambre, articles abrogeant les dispositions relatives aux livrets, en a ajouté trois autres, rétablissant les livrets sous forme facultative.

Finalement, le Sénat a renvoyé le projet à la Commission.

Ceux qui réclament la suppression des livrets invoquent que, suivant les paroles de M. Edouard Millaud, sénateur du Rhône, « la formalité du livret est contraire à la dignité » personnelle de l'ouvrier dont elle fait une manière de » suspect. » (1)

Nous ne pensons pas que le livret blesse la dignité de l'ouvrier, parce que nous croyons, nous aussi, que « le livret » est pour le travailleur ce qu'est l'état de service délivré » au soldat. » (2)

Les bons ouvriers sont fiers de leur livret, les mauvais, seuls, en réclament la suppression.

---

(1) Senat. — Séance du 19 Juin dernier.
(2) Compte-rendu du Sénat.

Nous ne voyons aucune objection à ce que la règlementation des livrets soit modifiée, en ce qui concerne les formalités de police, formalités vexatoires, nous en convenons ; mais il ne faut pas pour cela supprimer le livret, modifions la loi, mais ne l'abrogeons pas.

Nous ne pouvons que reproduire ici les excellentes raisons avancées pour le maintien du livret, dans une lettre adressée à la Chambre des Députés par la Chambre syndicale des Mécaniciens, Chaudronniers et Fondeurs, de Paris :

« La Chambre syndicale ne peut penser qu'on veuille » encourager l'insouciance et les goûts voyageurs de certains ouvriers ; à ce point de vue spécial, la Chambre » affirme que le livret est *nécessaire*, indispensable *à l'ouvrier*, parce que, d'abord, il lui tient lieu de passeport » et, ensuite, parce qu'il peut lui faire trouver aide et protection dans ses voyages, ce qui est facile à démontrer :

» En effet, quiconque a été dans l'industrie sait que » l'ouvrier respectable, qui se présente dans un atelier, est, » aujourd'hui, quoique le livret ne soit pas obligatoire, le » premier à offrir son livret : « *J'ai mon livret* » dit-il, « parce qu'il tient à établir sa profession, ce qu'il a été, ce » qu'il est et, par conséquent, ce qu'il sera ; parce que » l'expérience lui a démontré que, dans les circonstances » critiques de sa vie, ce livret, qui n'a l'air de rien, est une » pièce authentique qui fait ouvrir des portes qui, sans lui, » resteraient fermées. (1)

» Beaucoup d'ouvriers déclarent eux-mêmes : « qu'il n'y » a que les mauvais ouvriers, que ceux qui ne connaissent « pas leur état, qui ne savent même pas toujours discerner » où ils sont bien, qui peuvent nier l'utilité du livret. » Eh » bien, pour ceux-là même, ce livret est nécessaire, car s'ils » sont, volontairement ou non, amenés à se déplacer, le » livret leur sert de passeport gratuit, et ce livret, fût-il

(1) Recemment, au Havre, un malheureux est tombe inanime sur la voie publique, il ne portait sur lui aucun papier, sauf un livret d'ouvrier, qui a permis d'etablir son identite.

» émaillé d'un très-grand nombre de signatures, pourra, » dans un moment donné, leur être très-utile, car il établira » que, si celui qui le possède n'a pas le mérite de la stabilité, » indispensable au succès, il n'est pas, du moins, un » malfaiteur, un mauvais citoyen.

» La Chambre Syndicale, pense que si on veut remplacer, » pour l'ouvrier, le livret qu'on exige pour l'apprenti, par » des certificats, ces certificats, fussent-ils rendus obli- » gatoires, n'auraient jamais le caractère d'authenticité » qu'offre le livret, et qu'ils ne présenteraient, ni pour » l'ouvrier ni pour le patron, aucun des avantages, aucune » des garanties désirables.

» La Chambre Syndicale ne peut supposer que l'honorable » auteur de la proposition d'abrogation de la loi dont il » s'agit, ait l'intention d'obliger les patrons à embaucher » des ouvriers inconnus, sans savoir ce qu'ils font, ni d'où » ils sortent. Elle pense que si nos législateurs désirent la » prospérité de l'industrie française, qui est l'objet de ses » vœux les plus chers, il ne faut pas qu'ils mettent les » industriels dans l'impossibilité de pouvoir recruter des » collaborateurs *nationaux*, sérieux et honnêtes, dont ils » ont si grand besoin, et qu'ils les exposent à ouvrir les » portes de leurs ateliers à des sujets étrangers ou à des » malfaiteurs. » (1)

Nous croyons savoir que la Chambre des Mécaniciens de Paris a adressé aussi cette lettre au Sénat.

De son côté, la Chambre des Mécaniciens du Havre, a adopté il y a peu de temps un vœu conforme à celui de la Chambre parisienne, et une lettre a été envoyée à M. le Président du Sénat.

L'avenir nous dira quel cas le Sénat fera de ces suppliques.

Disons seulement en terminant, que la Chambre des Députés ne manque pas une occasion de démontrer l'utilité du Sénat.

(1) Chambre syndicale des Mecaniciens de Paris. Bulletin n° 9. Page 11.

« Le livret, a dit l'honorable M. Marcel Barthe au Sénat, » le livret est le diplôme des travailleurs.

» C'est grandir la démocratie que d'honorer le travail, et » c'est honorer, le travail que de rendre l'ouvrier possesseur » d'un bon livret. »

Il faut espérer que ces sages paroles seront écoutées par nos législateurs.

M. Emile Bères, disait déjà en 1836 : « Lorsque le soldat » est si fier de montrer ses états de service, pourquoi » n'apprendrait-on pas à l'ouvrier que sa tache, lorsqu'elle » est bien remplie, est tout aussi utile, tout aussi honorable » que celle du soldat, et que le point d'honneur et l'estime » publique peuvent tout autant se trouver et se gagner sous » le toit d'un atelier que sous celui d'une caserne ? » (1)

(1) Emile Beres, *Les Classes Ouvrières*, Paris 1836.

IV

Réduction de la journée de travail

On a fait, et on fait encore beaucoup de bruit autour de cette question : la réduction à 10 heures de la journée de travail.

La Chambre des Députés, est saisie d'une proposition en ce sens, proposition adoptée par la Commission d'initiative, dans sa séance du 12 Juillet 1882, et dont voici le texte :

« Art. 1er. Le travail effectif dans les manufactures et
» usines, ne pourra excéder 10 heures par jour, ni six jours
» par semaine.

» Art. 2. Le travail de nuit est interdit aux femmes ».

La Chambre avait déjà réduit, la journée de travail à 11 heures, mais cette loi fut repoussée par le Sénat, en seconde lecture.

Qu'il nous soit permis, d'espérer que le Parlement repoussera toute proposition en ce sens.

Nous ne pouvons que répéter ce que nous avons dit déjà, à savoir que la protection des enfants est admissible, parce qu'elle constitue un *devoir*, mais que la protection des adultes est une absurdité, et que, de plus, elle comportera toujours en soi, quoi qu'on fasse, une violation de la liberté individuelle.

Et, du reste, est-ce bien protéger l'ouvrier que de l'empêcher de gagner sa vie d'une façon aussi large que possible ?

Si la prospérité des affaires ou l'abondance des commandes permet à une maison de faire des heures supplémentaires, pourquoi s'y opposer ?

L'ouvrier, en échange du *surcroît de travail* qu'on exige de lui, ne reçoit-il pas un *surcroît de salaire* ?

L'ouvrier ne peut-il pas refuser lui-même de faire des heures supplémentaires ?

Il peut s'y refuser, et s'il ne le fait pas, c'est que son intérêt est d'augmenter son pécule chaque fois que l'occasion s'en présente.

Voilà ce que nos législateurs n'ont certainement pas compris.

Cela nous remet en mémoire un fait qui s'est produit dans un chef-lieu de préfecture de Normandie.

Une grève ayant éclaté, le Préfet fit appeler un Constructeur de nos amis et lui fit remarquer que la plupart des grévistes sortaient de sa maison. Le constructeur pria alors M. le Préfet de bien vouloir lui exposer les réclamations des ouvriers.

Le fonctionnaire répondit que les grévistes se refusaient à travailler plus de 10 heures par jour.

Ce à quoi notre ami répartit que lorsque ses ouvriers faisaient 11 ou 12 heures, il leur payait 11 ou 12 heures et non 10.

Le constructeur ajouta, son livre de paie en main, que les meneurs de la grève étaient précisément ceux-là même qui ne travaillaient pas le lundi et qui faisaient rarement la journée complète.

Cette réponse laissa coi M. le Préfet, qui se vit fort embarrassé.

Nos Députés ne sont pas mieux renseignés, ils ont entendu dire aux ouvriers de certaines localités que le prix de la journée devrait être calculé sur dix heures de travail effectif ; mais nous ne pensons pas qu'on ait jamais songé à refuser plus de dix heures de travail par jour, et plus de six jours par semaine.

D'ailleurs, comme le dit fort bien un industriel bien

connu dans le monde des métaux, M. L. Létrange, pourquoi ne viser que les ouvriers de telle ou telle industrie et non tous.

« En effet, dit l'honorable Président de la Chambre » Syndicale des Métaux de Paris, s'il devait résulter » de cette mesure un bienfait pour les ouvriers, il serait » logique de l'étendre à ceux des ateliers, chantiers » fabriques de toutes sortes, et même à ceux de l'agriculture, » qui, souvent exposés aux brouillards, aux intempéries, » aux ardeurs du soleil, aux émanations malsaines, com» mencent leur travail avec le jour, et le terminent seu» lement à la tombée de la nuit ; à ceux des chemins de » fer, retenus souvent plus de 24 heures sans désemparer ; » à ceux des voitures publiques, qui restent 15 heures sur » leur siège ; en un mot, à tous les travailleurs sans » exception. » (1).

En effet, nous ne voyons pas pourquoi le maximum de travail ne serait pas étendu aux employés de commerce qui, chez les armateurs, travaillent de neuf heures du matin, à minuit, et quelquefois une partie de la nuit, lorsque les départs l'exigent.

Si nos législateurs reconnaissent qu'il est dangereux pour la santé de travailler plus de dix heures par jour, il faudra qu'ils autorisent leurs cuisinières, femmes de chambre, valets, etc., à se lever à 9 heures et se coucher à 7 !

Voyez-vous le cocher de M. X..., député, s'arrêter brusquement à 4 heures après-midi et dire à son " bourgeois " : « Monsieur voudra bien conduire la voiture à la remise, » voilà dix heures que je travaille, il m'est impossible de » continuer ! »

Non, ce n'est pas sérieux.

Mais, j'y songe, c'est très-sérieux au contraire.

Quelques riches Brésiliens sont venus il y a peu de temps

(1) Rapport présenté au Comité central des Chambres syndicales, — 28 Juin 1883.

en Europe pour commander pour plusieurs millions de travaux (appareils pour sucreries).

Nos grands constructeurs français ont tout tenté pour obtenir cette commande, en faisant ressortir que le travail français, quoi qu'un peu plus cher, était incontestablement plus fini que partout ailleurs.

Les Brésiliens ont répondu que la question d'argent leur importait peu ; c'est le temps seul qui les tient. « Il faut » que nous puissions marcher à telle époque, ont-ils dit. Or, » en France il vous est impossible de vous engager pour ce » délai ; vous pouvez promettre, mais vous ne tiendrez pas, » et cela, *parce que vous ne pouvez compter sur votre* » *personnel.* »

Les plusieurs millions sont partis en Allemagne.

Eh bien, irons-nous plus vite lorsque nous ne travaillerons que 60 heures par semaine ?

Quelle logique ! on augmente la main-d'œuvre, et du même coup, on réduit la production !

Ce n'est pas ainsi que l'on relèvera l'industrie française !

Est-ce de cette façon que nos députés comprennent ce relèvement.

Alors, c'est la logique de Gribouille qui se jette à l'eau de peur de se noyer.

Nous terminerons en citant les conclusions du rapport de M. Létrange :

» Autant est naturel, légitime, louable même, l'effort de » chaque ouvrier pour arriver à une augmentation de son » salaire, et une amélioration de sa situation et du bien-être » de sa famille, et ce, par l'augmentation de sa valeur » personnelle, de son travail et de sa production ; autant » cette tendance à l'augmentation de la main-d'œuvre, avec » diminution de la durée du travail, prise dans son ensem » ble et dans ses conséquences, est funeste pour le pays» pleine de menaces pour l'avenir de l'industrie, sans toute» fois procurer définitivement aux ouvriers une améliora» tion proportionnelle de leur sort, ne développant le plus

» souvent que des aspirations irréalisables et des habitudes
» de désœuvrement et de dépenses superflues.

» L'augmentation continue de la main-d'œuvre ne doit
» être que la conséquence des progrès de l'industrie. Le
» vrai progrès consiste dans l'amoindrissement de la main-
» d'œuvre, combiné avec l'augmentation du salaire de
» l'ouvrier. La solution de la question ouvrière ne se trouve
» pas dans l'élévation du salaire, mais dans la modération
» de la main-d'œuvre pour l'industrie, et dans la modéra-
» tion de la dépense pour l'ouvrier.

» Nous ne devons pas perdre de vue, que nous sommes
» entourés de pays où la main-d'œuvre, qui est le principal
» facteur de la production, est beaucoup moins élevée qu'en
» France, et que nous ne pouvons soutenir la lutte indus-
» trielle, qu'en conservant à nos ouvriers, comme chez nos
» concurrents voisins, les saines habitudes de travail, d'éco-
» nomie, de sobriété, de prévoyance. »

CONCLUSION

Notre modeste exposé touche à sa fin, il nous faut le résumer.

Dans toutes ces questions sociales, tous ceux qui les ont examinées, étudiées, tous ceux qui en ont recherché les solutions, tous, à part les économistes éminents ou les publicistes illustres, ont conclu par des formules aussi inexplicables que ronflantes ; nous, nous ne proposerons pas de loi devant tout sauver, nous ne réclamerons ni une taxe sur les oisifs, ni un droit de patente pour les célibataires, pas plus que nous ne rechercherons la prospérité du travail par le rétablissement de la garde nationale, l'organisation d'une grrrande société de crédit ; nous ne nous appuierons ni sur l'Evangile, ni sur le Coran. Nous ne conclurons pas par une « invocation à la sainte Fraternité. »

Nous n'irons même pas jusqu'à la création pour les adhérents des caisses des retraites, « d'une croix de mérite, » ruban bleu de France avec trois barres couleur d'or, d'une » largeur égale et tracées en long. » (1)

Nous n'admettons pas toutes ces prétendues panacées, présentées comme autant de leviers d'Archimède.

Nous ne réclamons qu'une chose, le respect du *droit* de tous et qu'en revanche, chacun fasse son *devoir*.

Nous faisons donc appel à chacun des éléments de la Société ; si l'on s'accorde des concessions mutuelles, l'accord

(1) Pottier-Gruson, *les Destinees de la France*, Paris 1851.

sera vite établi, et rien ne s'opposera plus à la prospérité du travail national.

Si donc, nous avions une formule à présenter, ce serait celle-ci :

« *Le succès par le concours de tous.* »

Nous indiquerons maintenant quel nous paraît être le rôle de chacun.

Role de l'Etat

A tout seigneur tout honneur.

Nous ne prétendons pas que l'Etat dût se substituer à la liberté individuelle, mais, disait Gambetta, « quand les » individualités sont impuissantes, quand cette collection, » cette réunion, cette association de volontés libres et » d'efforts individuels avortent, il reste une grande et haute » personne honorable, le Pays, l'Etat, qui se doit à lui-même » d'intervenir, non pour opprimer, mais pour imprimer le » mouvement ; non pour se substituer à la volonté des » citoyens, mais pour l'encourager, la soutenir, l'aider, la » porter pour ainsi dire sur les bras, et amener chaque » citoyen à l'épanouissement complet de son intelligence » et de sa raison. » (1)

L'Etat doit donc encourager, développer, soutenir toute initiative devant porter ses fruits.

Il doit encourager le travail national et le protéger contre l'envahissement étranger ; se garder de toute mesure susceptible d'entraver l'industrie et de nuire à sa prospérité.

L'Etat doit donc (c'est un corollaire) donner ses commandes en France plutôt que de les livrer à l'étranger.

Il faut développer le commerce d'exportation et accroître notre puissance coloniale, en prenant garde de continuer ce qui a été fait jusqu'à présent : créer des colonies qui n'ont de français que le nom, et dont nos bons amis les Anglais tirent tous les bénéfices.

Pour mettre notre industrie en état de lutter avec ses

(1) Discours de Honfleur. — 7 Septembre 1881.

rivales, il faut développer sans cesse le mouvement en faveur de l'instruction, instruction primaire et professionnelle qu'il faut répandre partout.

Le levier d'Archimède, le voilà ; nous ne connaissons que celui-ci, l'Instruction !

En élevant le niveau intellectuel et moral de la Société, la plus grande partie de la besogne sera faite ; le bien-être, le perfectionnement du travail, les idées d'épargne, de prévoyance, d'ordre et de persévérance au travail, tout cela viendra naturellement et sans secousse.

C'est au Parlement à conduire et à maintenir l'Etat dans cette voie.

Que nos législateurs fassent un peu moins de politique et qu'ils s'occupent beaucoup plus des affaires.

Role des Chambres syndicales

Les Députés et les Sénateurs ne sont pas universels, pour qu'ils s'occupent des questions d'affaires et pour qu'ils les résolvent sagement, il faut qu'ils soient aidés, secondés, éclairés par les Chambres syndicales.

Que les commerçants, les industriels et les ouvriers étudient en commun les problèmes de l'économie sociale, industrielle et commerciale, qu'ils préparent les solutions et arrêtent le Parlement chaque fois qu'il se laissera engager dans une fausse route.

L'Etat est le timonier du grand vaisseau national, le Parlement en est l'équipage ; aux travailleurs de prendre la place du pilote.

Les Chambres syndicales ont aussi une grande et belle mission à accomplir : l'instruction des apprentis et des ouvriers.

Il faut que nous préparions convenablement la jeunesse ouvrière, il faut que l'apprenti « sache bien ce que sont le » travail, le capital, la richesse ; en quoi consiste la vraie » solidarité et le véritable accord des intérêts. Muni de ces » renseignements, l'enfant, devenu homme, verra clair sur » sa route et ne se laissera plus égarer.

» Alors la paix et la réforme de l'atelier industriel se » feront aisément, car, de part et d'autre, on comprendra » qu'il y va de l'intérêt commun. » (1)

De l'instruction, toujours de l'instruction.

« Avec l'instruction, si nous savons vouloir, si nous » mettons de côté les tâtonnements, les petits moyens pour » aller droit au but, la France éclipsera bientôt ses rivales » sur les marchés étrangers. Nous pourrons fabriquer à » meilleur marché, faire beaucoup mieux, puisque nous » aurons des chefs d'ateliers du premier mérite et des » ouvriers d'un talent incomparable qui n'auront point de » rivaux dans le monde. » (2)

Role des Patrons

Ne considérer leurs ouvriers que comme des auxiliaires, des collaborateurs ; leur accorder une part de bénéfices dans l'entreprise, soit par la participation, soit par tout autre moyen approchant le plus près possible du but poursuivi.

Instruire, moraliser les apprentis, en faire des hommes.

Tel est le rôle des patrons.

Role des Ouvriers

Dire aux énergumènes : « *Retro, Satanas* » et ne poursuivre qu'un but : l'amélioration de leur sort, par le *travail*, l'*épargne*, et la *bonne conduite*.

S'attacher à gagner l'estime des patrons, s'en faire des amis et non des ennemis.

Apprendre, étudier, observer. Repousser toute tentative d'entraînement vers une mauvaise voie, éviter les grèves qui ne profitent à personne et qui ruinent le travail national en enrichissant nos rivaux.

Voilà la tâche des ouvriers.

Incidemment, nous ferons une remarque.

Dans certaines industries, les travailleurs voyagent

(1) A. Dameth. — *La Question sociale*. Genève, 1871.

(2) Exposé des motifs du projet de MM. Nadaud et Floquet, sur les Ecoles Professionnelles, 1877.

beaucoup, ils n'ont pas encore perdu la tradition du « tour de France. »

Ceux-là logent dans des auberges qui les exploitent et les excitent à la dépense.

Le 2 Avril 1878, Alexander Stewart a fondé à New-York le « *Women's Hotel.* »

Cet établissement est destiné aux femmes dont le travail est la seule ressource ; elles y trouvent le logement et la nourriture, moyennant une rétribution de 6 $ par semaine.

Le « *Women's Hotel* » renferme des salons, des salles de bains, une bibliothèque de 2,500 volumes, etc.

En France, quelques villes ont des Cercles spéciaux pour les ouvriers, comme le *Cercle Franklin* du Havre, par exemple, créé grâce à l'initiative de M. Jules Siegfried, sur le modèle des cercles mulhousiens.

Ce sont des institutions très louables, qui n'ont qu'un défaut : c'est de compter trop peu d'adhérents.

Les ouvriers gagneront plus à passer une soirée au Cercle qu'à aller la semaine durant au cabaret.

Mais, pour revenir à notre idée première, nous verrions avec plaisir les ouvriers s'occuper de la création de maisons spéciales où les *voyageurs* trouveraient nourriture et logement à de bonnes conditions.

La vie d'auberge pour ces malheureux qui ne peuvent tenir en place, nous a toujours paru insupportable et contraire aux intérêts de l'ouvrier.

La création d'établissements dans le genre du *Women's Hotel* de New-York, serait une œuvre moralisatrice qui porterait certainement ses fruits.

Nous livrons notre observation au jugement des ouvriers et de tous ceux qui se préoccupent du sort et de l'avenir des travailleurs.

Role des Familles

Pour atteindre ce double but : amélioration du sort des travailleurs et prospérité du travail national, il ne faut pas négliger de réclamer le concours de ces groupements si nombreux qui forment la Société : les familles.

Lorsque la femme sera instruite, la famille sera tout autre de ce qu'elle est aujourd'hui.

Mais en attendant qu'il en soit ainsi, il faut développer chez l'ouvrier l'amour de la famille, l'amour du *home*.

Les représentations théatrales organisées chaque hiver au *Cercle Franklin* du Havre n'ont pas d'autre but et d'autre résultat.

Les ouvriers peuvent conduire leurs familles au spectacle, on s'amuse en commun.

Nous voudrions aussi que les familles fussent conviées aux fêtes organisées par les patrons en certaines circonstances.

On réunit les ouvriers pour un banquet, c'est bien ; mais on ne songe pas que l'on enlève ainsi l'ouvrier de son intérieur, on le sépare de sa famille.

Lorsqu'un patron convoque ses ouvriers à une fête *dite de famille*, pourquoi n'oublier que la famille ? Pourquoi ne pas inviter les femmes et les enfants.

Il vaudrait mieux manger l'omelette au lard en famille que d'offrir du faisan et du champagne aux pères et aux frères, tandis que les femmes et les sœurs s'endorment sur la table en attendant le chef de la maison !

Il faut instruire et moraliser aussi la famille : unie et instruite, ce sera une grande force pour la réalisation de nos rêves.

Si la famille a toute l'attention de la Société, on comprendra mieux les intérêts des apprentis et ceux des ouvriers.

La mère de famille se fera un devoir de conduire ses enfants à l'école et d'attacher son mari à la maison.

Elle les détournera des penchants où ils se laisseraient glisser, elle les éclairera sur leurs devoirs et les exhortera à la persévérance dans le travail et dans l'épargne.

RÉSUMÉ

Poussons le cri qui est la devise américaine : *Go ahead !* En avant !

Mettons-nous à l'œuvre, résolument et sincèrement !

Il ne faut pas se dissimuler que la splendeur industrielle et commerciale de la France se ternit peu à peu.

Il faut enrayer l'envahissement étranger, il en est temps encore, mais c'est urgent.

Que nos législateurs mettent à profit ce conseil que leur donnait récemment un des journalistes les plus consommés et les plus habiles de la province, M. F. Santallier :

« *Parlons moins, travaillons mieux.* »

Laissons de côté les rancunes de parti, les discussions stériles, les déclamations inutiles, et travaillons.

Sapons la bureaucratie et la paperasserie et faisons de la besogne productive.

Espérons que, comme le disait l'éminent M. Dietz-Monim, dès 1877, « espérons qu'on a compris que l'heure » des divisions sociales, des antagonismes de classes était » passée et que, à l'ombre de nos institutions républicaines, » la France mutilée, peut compter sur les efforts de tous » ses enfants pour hâter son relèvement moral et maté- » riel. » (1)

Patrons, ouvriers, travailleurs de tout rang, instruisons-

(1) Discours à la Distribution des prix aux apprentis de l'Horlogerie ; *Bulletin de la Société de Protection*, X, page 281 et suivantes.

nous, travaillons sans relâche, ne donnons pas à l'étranger, le spectacle d'une nation frivole et prodigue.

Nos rivaux escomptent déjà notre ruine, eh bien ! « *sursum* » *corda*, relevons le gant qui nous est jeté. Montrons que » la vieille race gauloise n'a pas démérité, ni dégénéré et » que, malgré nos désastres de 1870-71, petit bonhomme » vit encore ! » (1)

Oui, n'oublions pas que tout ce que nous ferons pour améliorer notre condition personnelle doit être en harmonie avec les intérêts de notre pays.

Français ! inspirons-nous de cette sublime vertu, inscrite dans notre hymne national, l'*Amour sacré de la Patrie !*

(2) Discours de M. Dietz-Monnin, au Banquet de la Chambre Syndicale des Mécaniciens de Paris, 4 Décembre 1882.

TABLE DES MATIÈRES

LIVRE III

Travail des Enfants. — Responsabilité en matière d'Accidents

LIVRE IV

La Justice Commerciale

LIVRE V

Questions diverses

Havre. — Imprimerie Ch. DELEVOYE, rue Casimir-Perier, 15.

www.ingramcontent.com/pod-product-compliance
Ingram Content Group UK Ltd.
Pitfield, Milton Keynes, MK11 3LW, UK
UKHW022056260726
13993UKWH00001B/143

9 782019 700478